The Australian Missionaries in Kuchang, Korea

호주선교사, 거창에 오다

스텔라 스코트
·
프레더릭 매크레이
·
제임스 켈리
·
엘리자베스 에버리
·
프레더릭 토마스
·
제인 매카그
·
에셀 딕슨
·
엘리자베스 던

호주선교사, 거창에 오다

- 스텔라 스코트, 프레더릭 매크레이, 제임스 켈리, 엘리자베스 에버리,
  프레더릭 토마스, 제인 매카그, 에셀 딕슨, 엘리자베스 던

편 저 자 · 양명득
발 행 인 · 정춘석
발 행 처 · 거창군기독교문화원

펴 낸 이 · 성상건
펴 낸 날 · 2025년 6월 13일
펴 낸 곳 · 도서출판 나눔사
주   소 · (우) 10270 경기도 고양시 덕양구 푸른마을로 15
          301동 1505호
전   화 · 02)359-3429   팩스 02)355-3429
등록번호 · 2-489호(1988년 2월 16일)
이 메 일 · nanumsa@hanmail.net

ⓒ 양명득, 2025

ISBN 978-89-7027-855-1 03230

값 17,000원
잘못된 책은 바꾸어 드립니다.

The Australian Missionaries in Kuchang, Korea
- Stella Scott, Frederick Macrae, James Kelly, Elizabeth Ebery, Frederick Thomas,
  Jane McCague, Ethel Dixon, Elizabeth Dunn

Author & Editor: Myong Duk Yang
Publication: Kuchang Christian Cultural Center
Date: June 13, 2025

All rights reserved.

The Australian Missionaries in Kuchang, Korea

호주선교사, 거창에 오다

스텔라 스코트
·
프레더릭 매크레이
·
제임스 켈리
·
엘리자베스 에버리
·
프레더릭 토마스
·
제인 매카그
·
에셀 딕슨
·
엘리자베스 던

양명득 Myong Duk Yang 편저

나눔사

| 발행의 글 |

이웃과 세상으로 나아가

정춘석 원장
(거창군기독교문화원)

우리나라를 소위 선교 대국이라고 합니다. 그리스도의 사랑을 열방에 전하는 열정의 교회가 우리 주변에 많이 있습니다. 그런데 130여 년 전 우리에게 처음 복음을 전한 이삼십대 젊은 호주 선교사님들은 어떤 동기로 우리나라에 왔을까요. 당시 이곳에서 어떤 삶을 살며 복음을 전하였을까요. 특히 거창군에는 어떤 분이 왔으며 그들이 남긴 유산은 무엇일까요.

이번에 양명득 선교사님께서 편집한 책 '호주선교사, 거창에 오다'를 통하여 호주선교사들의 생생한 편지와 보고서를 접하게 되어 감사합니다. 이 책에는 당시 그들의 희망과 기도와 고뇌가 잘 드러나 있습니다. 이 내용을 거창지방의 모든 군민이 알았으면 좋겠다는 생각으로 거창군기독교문화원에서 이 책을 발간하여 배포하게 되었습니다.

현재 우리의 교회들은 형편대로 단 몇 명이라도 현장에 있는 선교사님을 도우며 온 힘을 다해 선교하고 있습니다. 우리가 힘을 쓰는 일들이 그 옛날 우리나라에 오셨던 선교사님들의 순수함과 정신을 닮았으면 하는 마음이며, 그들의 고생과 희생을 생각하며 우리도 지치지 않고 열정을 키우는 계기가 되기를 바랍니다.

거창군의 모든 사람이 이 책을 통하여 거창군의 발전이 이런 선각자들의 공헌이 있었음을 알고, 지금의 거창이 되었음을 마음속으로 간직하는 계기가 되기를 바랍니다. 동시에 우리도 복음을 듣지 못한 이웃과 세상으로 나아가 세계 선교의 꿈을 더욱 가꾸는 우리 거창군의 기독교인이 되기를 소망합니다.

| 격려의 글 |

믿음의 향기와 사랑의 흔적

이바울 목사
(거창교회연합회 회장, 거창소만교회 담임)

요한복음 1장 6절에 세례 요한의 정체성이 나옵니다. '하나님께로부터 보내심을 받은 사람이 있으니 그의 이름은 요한이라.'

본 도서에 나오는 호주 선교사 8인도 하나님께로부터 보내심을 받아 이름조차 생소했을 먼 타국의 땅, 경남 거창까지 오셨고, 그들의 선교 활동 이야기는 시대와 국경을 초월한 사랑과 헌신의 결정체입니다. 오늘 우리가 이들의 사역을 돌아보며 책으로 엮는다는 것은 단순한 과거의 회상이 아니라, 믿음의 유산을 계승하고 확장 시키는 귀한 작업입니다.

거창 지역은 일제강점기와 전쟁의 고통 속에서 신음하던 땅이었습니다. 그런 상황 속에서도 호주 선교사들은 생명의 복음을 전하며 사람들을 품고, 치유하고, 교육하고, 희망을 심었습니다. 그들은 편안한 삶을 뒤로 한 채 낯선 땅에서 복음 하나 붙들고 헌신했습니다. 때로는 외로움과 문화의 장벽, 건강과 생명의 위협 속에서도 그들은 물러서지 않고 사랑의 언어로 그리스도의 삶을 살았습니다.

오늘날 우리가 누리는 신앙의 유산과 공동체의 건강함은 결코 우연이 아니라, 그들의 눈물과 기도의 열매임을 기억해야 합니다.

이 책은 그러한 삶과 사역의 이야기들을 담고 있습니다. 한 줄 한 줄마다 믿음의 향기와 사랑의 흔적이 묻어 있습니다. 독자들에게 그 믿음의 길을 되새기게 하며, 오늘을 살아가는 우리에게 '어떻게 살아갈 것인가'라는 깊은 질문을 던지게 합니다. 또한 이 책이 다음 세대에게 복음의 씨앗이 어떻게 뿌려졌고, 그것이 어떻게 열매 맺었는지를 보여주는 살아 있는 증언이 되기를 바랍니다.

이 책이 출간되는 데 힘을 모은 모든 분께 주님의 평안과 은혜가 가득하길 기도합니다. 이 책이 널리 읽히고, 많은 이들에게 위로와 도전이 되기를 소망합니다.

| 축하의 글 |

다시 한번 선교의 열정이

김은삼 목사
(경남서부노회장(고신), 가천교회 담임)

거창 땅에 십자가의 피 묻은 복음을 전하기 위해 찾아오신 호주 선교사님들의 숭고한 발자취를 한 권의 책으로 담아내게 된 것을 진심으로 축하드립니다.

선교사님들의 눈물과 땀, 그리고 믿음의 헌신이 있었기에 오늘 우리는 거창 곳곳에서 자유롭게 하나님을 예배할 수 있는 은혜를 누리고 있습니다. 그 놀라운 믿음의 유산을 허락하신 하나님께 모든 영광을 올려 드리며, 그 부르심에 순종하여 복음을 전하신 선교사님들의 삶에 머리 숙여 감사드립니다.

이번에 출간된 이 책을 통해 다음 세대가 선교의 역사와 의미를 깊이 이해하며, 그 정신을 이어받아 새로운 선교의 비전을 품게 되기를 간절히 소망합니다. 아울러 거창 지역 교회뿐만 아니라 한국교회 전체에 다시 한번 선교의 열정이 회복되어, 국내 이주민 선교는 물론 세계 열방을 향한 복음 전파에 더욱 힘쓰게 되기를 기대합니다.

이 귀한 책의 출간을 위해 애써주신 거창군기독교문화원 정춘석 원장님과 이사님들, 그리고 정성을 다해 집필해 주신 양명득 선교사님께 깊은 감사를 드립니다. 하나님의 크신 은혜와 평강이 이 책을 읽는 모든 독자에게 충만히 임하기를 기도합니다.

| 편저자의 글 |

땅끝에서 땅끝까지

양명득 목사
(호주선교사)

"거창이 어디 있어요?" 한 간호사의 질문이었다. 호주선교사가 세운 거창의 영유아보건소 간호사를 뽑을 때였다. 당시 한국인도 거창을 낯설어하였는데 호주인에게는 어떠했으랴. 호주선교사는 대부분 멜버른에서 떠나 부산에 도착하였다. 그들은 먼저 멜버른 항에서 배로 혹은 스펜서 역에서 기차로 시드니로 갔고, 그곳에서 일본으로 가는 여객선을 탔다. 인도네시아, 필리핀, 중국 등을 거쳐 일본에 도착하여 다시 배를 갈아타고 대한해협을 건넜다. 부산항에 도착하기까지 보통 40일이 걸렸다.

그러나 그것이 끝이 아니었다. 거창으로 배정받은 선교사는 부산에서 기차로 마산포로, 그곳에서 뱃길로 진주 부근까지 와 가마나 나귀를 타고 진주성읍에 도착하였다. 그리고 잠시 쉬었다가 마지막 여정인 거창까지 이틀에 걸쳐 다시 나귀나 말을 타고 왔다. 이들에게는 거창이 땅끝이었던 것이다. 호주의 땅끝에서 세상의 땅끝까지 이렇게 하나님의 사랑과 은혜가 이어졌다.

호주 빅토리아장로교회는 거창에서 활동하는 선교사들의 편지와 보고서를 자신들 교회 선교지에 담아 돌려 읽었다. 그들은 거창 구석구석에서 발전하거나 혹은 실패하는 일들을 잘 숙지하고 있었으며, 거창 지역의 교회, 유치원, 학교, 진료소 등을 지원하기 위하여 눈물겨운 모금 활동을 지속하였다. 1942년 일제에 의하여 추방당하는 마지막 순간까지 말이다. 이제 그들이 읽었던 편지와 보고서를 찾아 호주 선교사들의 생생한 목소리를 처음으로 한국교회에 내놓는다.

차 례

| 발행의 글 | 정춘석 • 4
| 격려의 글 | 이바울 • 6
| 축하의 글 | 김은삼 • 8
| 편저자의 글 | 양명득 • 10

1장 거창선교부 사진 • 21

2장 호주선교회의 거창 지역 선교 활동, 1909-1941 • 41

3장 스텔라 스코트(서오성)의 보고서 • 61

1. 그녀는 누구인가 ··· 63
2. 새 선교사 출국일 ··· 64
3. 선교사 후보 위원회 ··· 64
4. 충분한 자격 ·· 65
5. 엥겔 가족과 함께 떠나다 ··································· 65
6. 나의 첫인상 ·· 66
7. 거창에서의 첫 소식 ··· 69
8. 여성성경반 ·· 71
9. 두 명의 아내 ··· 74
10. 여학교 졸업식 ··· 75
11. 2학년 시험 ·· 76
12. 칠원에서의 성경반 ··· 77

13. 마산선교부의 변화 ······································· 79
14. 성탄 케이크 ·· 81
15. 다시 거창으로 ··· 82
16. 호주에서의 휴가 ·· 84
17. 묵실 지역 방문 ·· 84
18. 학교 등록 ·· 86
19. 삶의 비극과 희극 ·· 87
20. 거창교회 목사 부임 ····································· 89
21. 거창선교부 존폐 위기 ································· 92
22. 남학교의 중요성 ··· 93
23. 유치원 운영 ·· 94
24. 세례식과 성찬식 ··· 96
25. 방해받는 성경반 ··· 97
26. 그녀의 책임 ·· 99
27. 주중 성경반 ··· 100
28. 여전도회의 부흥 ······································ 102
29. 사립명덕여학교 ······································· 104
30. 선교 보고회 ··· 104
31. 다시 한국으로 ·· 105
32. 자동차 길 ··· 105
33. 거창선교부 보고서 1927-1928 ················ 106
34. 피아노가 도착하다 ·································· 109
35. 재정적인 어려움 ······································ 110

36. 장학금 받는 학생들 ··· 111
37. 조지 맥퀸의 찬사 ··· 113
38. 봄 소풍 ··· 113
39. 장로의 아내 ··· 115
40. 일곱 명의 여성 ··· 117
41. 좁은 문 ··· 119
42. 문맹 퇴치 학교 ··· 120
43. 어느 주일예배 풍경 ··· 121
44. 1933년 여성성경반 이야기 ··· 123
45. 총회의 환영 ··· 126
46. 명덕학교 건립 ··· 126
47. 서오성의 책임 ··· 127
48. 거창교회와의 협약 ··· 127
49. 서광의 명덕여교 ··· 128
50. 조선의 은인 ··· 129
51. 명덕여학교 개교식 ··· 129
52. 다시 한국으로 ··· 130
53. 환송회 ··· 131
54. 한국 입국이 거절되다 ··· 131
55. 감사의 기록 ··· 134
56. 명덕학교의 공헌 ··· 134

4장 프레더릭 매크레이(맹호은)의 보고서

1. 거창선교부 설립을 책임 맡다 ·········· 137
2. 두 명의 할머니 ·········· 137
3. 조상제사 때문에 ·········· 139
4. 함양의 어려움 ·········· 140
5. 시장의 풍경 ·········· 140
6. 페이튼에게 보내는 편지 ·········· 143
7. 노방전도 ·········· 145
8. 성기리교회 설립 ·········· 145
9. 만주로 떠나는 행렬 ·········· 146
10. 사택 후원금 ·········· 146
11. 청년 설교가 ·········· 147
12. 거창선교부 설립 ·········· 148
13. 거창교회의 첫 세례 ·········· 148
14. 함양 읍내의 부흥 ·········· 149
15. 첫 제직회 ·········· 151
16. 낙담한 교인들 ·········· 151
17. 거창 예배당 건축 ·········· 154
18. 삼가, 덕산, 산청 ·········· 156
19. 지도자반 ·········· 157
20. 벌금에 항의하다 ·········· 157

5장 제임스 켈리(길아각)의 보고서

1. 켈리는 누구인가 ·· 163
2. 첫 주일 ··· 163
3. 아내의 독창 ··· 165
4. 그의 계획 ·· 166
5. 마을 학교를 시작하다 ·· 166
6. 켈리 부인과 스콜스의 순회 ····································· 169
7. 거창선교부 설립 ·· 171
8. 거창교회 풍경 ··· 171
9. 식당에 모여 ·· 173
10. 묵실의 교회 ·· 174
11. 글을 모르는 인도자 ··· 175
12. 선교부 직원 명단 ·· 176
13. 스키너의 여학교 ··· 177
14. 첫 한국인 목사 임직식 ··· 178
15. 이재풍 목사 ·· 179
16. 23개의 교회 ·· 181
17. 한석진과 모펫의 방문 ·· 182
18. 호주로 돌아가다 ·· 183

6장 엘리자베스 에버리(이리사백)의 보고서

1. 소명과 파송 ··· 187
2. 멀고 먼 거창 ··· 188
3. 서로 구경하다 ··· 190
4. 첫 성탄절 ··· 191
5. 성장과 박해 ··· 192
6. 여학생의 자부심 ··· 194
7. 안의와 곰남 순회 ··· 195
8. 주간반과 야간반 ··· 197
9. 여덟 개 교회 방문 ··· 198
10. 학교에서 서당으로 ··· 199
11. 남자 성경반 ··· 200
12. 세례와 징계 ··· 201
13. 감시받는 서당 ··· 202
14. 이 땅에도 오신 주님 ··· 203
15. 가을 순회 ··· 204
16. 학교 건축 계약 ··· 205
17. 합천 지역 순회 ··· 206
18. 성인과 유아 세례 ··· 208
19. 완공된 학교 건물 ··· 209

7장 프레더릭 토마스(도별익)의 보고서

1. 잘 알려진 인물 ······ 213
2. 고생과 불편함 ······ 213
3. 환송 예배 ······ 214
4. 약속 ······ 215
5. 그는 누구인가 ······ 215
6. 불이 나다 ······ 216
7. 승리의 감정 ······ 217
8. 모터사이클 ······ 218
9. 마을 학교의 성과 ······ 219
10. 자전거 ······ 220
11. 왓슨의 감사 ······ 221
12. 선홍 열 ······ 221
13. 엘시 ······ 222
14. 귀국하다 ······ 222

8장 제인 매카그(맥계익)의 보고서

1. 두 명의 여선교사 ······ 225
2. 남자 선교사의 부재 ······ 225
3. 나이든 전도부인 ······ 226
4. 시냇물 건너는 방법 ······ 226
5. '의사 딕슨 부인' ······ 228
6. 여름성경학교 ······ 229

7. 겨울의 슬픔과 기쁨 ……………………………………… 231
8. 자동차 선물 ……………………………………………… 232
9. 운전 연습 ………………………………………………… 233
10. 주일학교 대회 …………………………………………… 234
11. 어린이 성탄절 …………………………………………… 236
12. 이 뼈들이 능히 살겠느냐 ……………………………… 238
13. 휴가 ……………………………………………………… 239
14. 평양으로 간 학천이 …………………………………… 240
15. 맹장 수술 ………………………………………………… 241
16. 진주로 발령나다 ………………………………………… 242

9장 에셀 딕슨(덕순이)의 보고서

1. 거창선교부 사역 ………………………………………… 245
2. 유아보건소 소개 ………………………………………… 247
3. 보건소 봉납예배 ………………………………………… 250
4. 우량아 선발대회 ………………………………………… 251
5. 의사의 날 ………………………………………………… 253
6. 유치원의 성탄 선물 ……………………………………… 253

10장 엘리자베스 던(전은혜)의 보고서

1. 형제들이 어떠한가 방문하자 ·········· 257
2. 부자마을 개평 ·········· 260
3. 9개의 여름학교 ·········· 262
4. 전도부인 곽남순 ·········· 263
5. 곽남순과 그의 남편 ·········· 264
6. 시골 순회 전도 ·········· 266
7. 배돈기념병원의 지부 ·········· 268
8. 휴가를 떠나다 ·········· 270

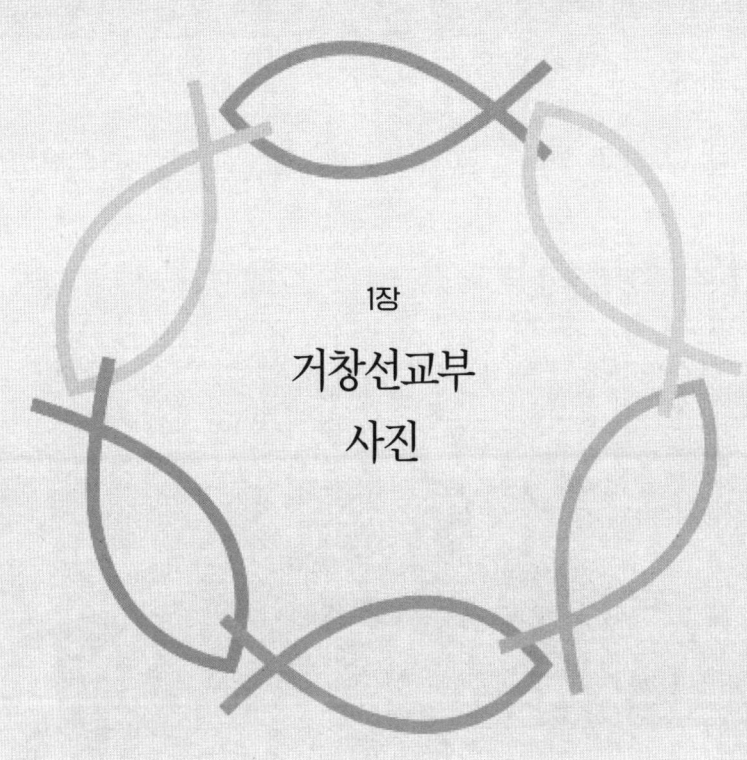

1장
거창선교부
사진

거창선교부 매크레이 사택 1913년경(사진-Norman Macrae)

스텔라 스코트(사진-크로니클, 1916)

에버리와 전도부인(사진-크로니클, 1918 10)

스코트와 전도부인 순회전도(사진-크로니클, 1924)

거창유치원(사진-크로니클, 1924) 마을학교 교사(사진-크로니클, 1925 01)

거창교회 1925(사진-거창교회 100년사)

거창 여선교사관(사진-크로니클, 1925)

거창 토마스 선교사 사택 1925(사진-호주선교사 앨범)

거창교회 호주선교사와 교인들 1925(사진-거창교회 100년사)

거창의 선교사 집(사진-크로니클, 1926 05)

거창 여름성경학교(사진-크로니클, 1927 01)

거창 유치원(사진-크로니클, 1927 03)

겨울의 거창선교부(사진-크로니클,1927 06)

마을학교(사진-크로니클, 1929 07)

거창 가조여름성경학교와 매카그(사진-크로니클, 1929 04)

거창유치원 1920년대(사진-호주선교사 앨범)

거창유치원(사진-H. 매튜, 1929)

거창 개평교회 교인들(사진- 크로니클, 1931 11)

거창 장날(사진-크로니클, 1930 05)

거창교회 주남선 목사(아래 왼편) 임직식 1930
(사진-크로니클, 1931 11)

거창 지역 전도회(사진-크로니클, 1931 02)

거창 지역 시골마을(사진-호주선교사 앨범)

거창 지역 시골 교회(사진-호주선교사 앨범)

거창 부근 선교사를 기다리는 아이들(사진-크로니클, 1932 01)

마을학교(사진-크로니클 1933 05)

거창 여성성경반(사진-크로니클, 1933 05)

거창교회 설립 25주년 기념, 1934(사진-호주선교사 앨범)

매카그의 자동차(사진-크로니클, 1934 01)

거창교회와 유아보건소 아이들(사진-크로니클, 1938 09)

명덕여학교(우측) 1937(사진-한들신문)

거창 유아보건소(사진-크로니클, 1940 03)

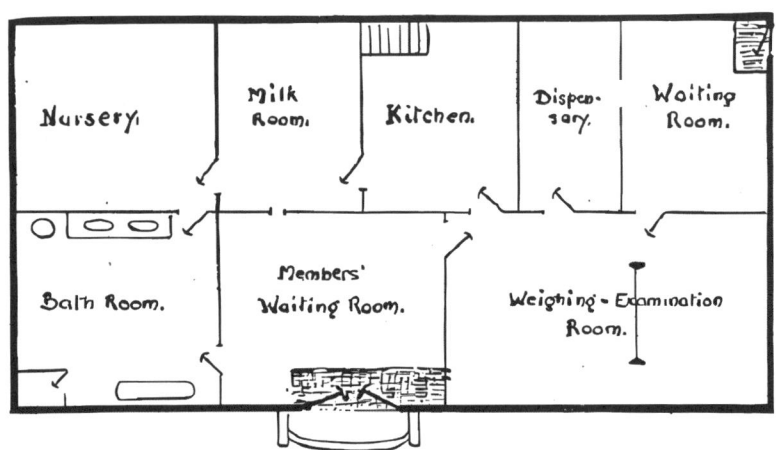

거창 유아보건소 평면도(사진-크로니클, 1940 03)

거창 유아보건소 우량아선발대회 1940(사진-호주선교사 앨범)

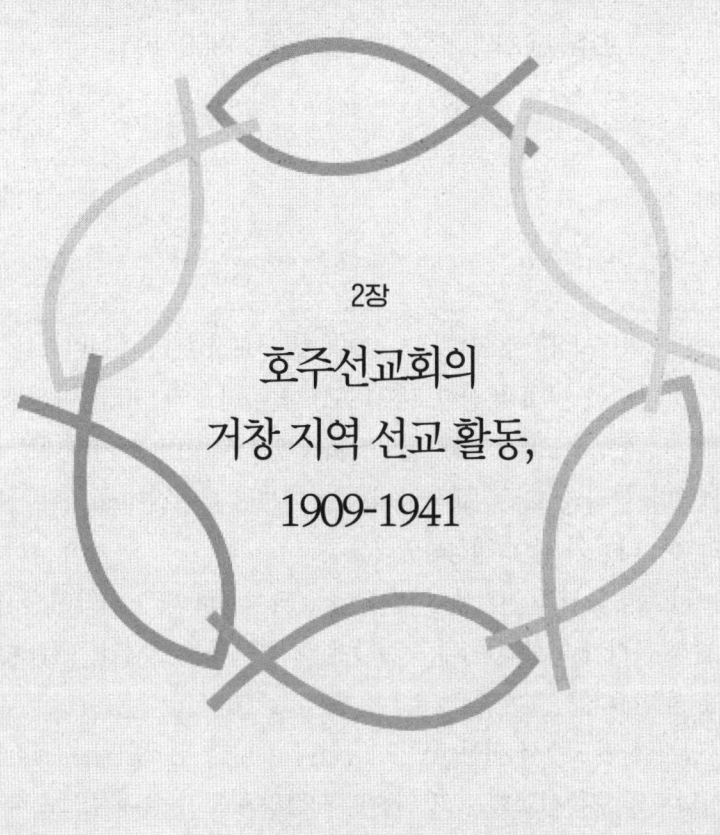

2장

호주선교회의
거창 지역 선교 활동,
1909-1941

호주선교회의 거창지방 선교 활동, 1909-1941

양명득

호주 빅토리아장로교회는 1889년 첫 선교사 헨리 데이비스를 한국으로 파송한 이래 부산선교부(1891), 진주선교부(1905), 마산선교부(1911), 통영선교부(1913) 그리고 거창선교부(1913)를 차례대로 설립하였다. 한국의 호주선교사공의회는 1911년 부산진에서 열린 특별회의에서 다음과 같이 결정하였다.

"진주의 북서쪽 지역에서 일을 더 효과적으로 하기 위하여 두 명의 남성 목사가 확보되는 대로 거창에 새 선교부를 설립할 것을 동의하고 제청하다."[1]

당시 한반도에서 활동하던 미국이나 캐나다 선교회와 비교하면 경상남도의 호주선교회는 그 인원과 재정의 규모가 상대적으로 작았다. 호주선교사들은 그것을 빗대어 자신들은 한국에서 베냐민 지파 같다고 할 정도였다.

그중에서도 거창선교부는 호주선교회의 지부 중 마지막에 세워졌을 뿐 아니라 그 규모도 가장 작았다. 당시 거창선교부가 담당하고 있던 거창군은 내륙 산간부에 위치하여 험준한 산과 분지 지형이 특징이었는데 교통편이 없는 곳이 많아 순회 전도 다니기 어려운 곳이었다. 또한 초기 기간만 제외하고는 남성 선교사 없이 여성 선교사 두어 명만이 상주하며 활동을 이어간 열악한 상황의 선교부였다. 한때

---

1) 'The Records', 1911년 1월, 14.

거창선교부를 폐지하고 진주선교부로 합병하자는 주장까지 대두되었을 정도였다.

거창선교부가 진행한 활동은 크게 다섯 가지로 나눌 수 있다. 교회 설립과 목회, 시골교회 순회, 성경반 운영, 유치원과 학교 운영, 보건소 운영 등이다. 본 소고는 거창교회가 설립된 1909년부터 거창의 호주선교사가 일제에 의하여 모두 호주로 귀국하는 1941까지의 행적을 그들의 보고서와 편지를 토대로 정리하고 그 의미를 살피는 데 목적이 있다.

1. 거창의 호주선교사

초기의 거창 지역은 먼저 설립된 진주선교부에 의하여 관할되었다. 휴 커를(거열휴)과 박성애 그리고 넬리 스콜스(시넬리)와 커를 부인이 짝을 지어 진주 지경 밖 거창과 하동까지 순회하며 복음을 전하고 성경반을 인도하였다. 거창에는 1909년 거창교회가 설립되었는바 호주 목사 선교사들은 특히 이 교회에서 설교하며 학습과 세례식을 베푸는 등 협력하였다. 그러면서 호주선교회는 점차로 거창에 선교 거점을 둘 준비를 하였고, 1913년 마침내 프레더릭 매크레이(맹호은)와 제임스 켈리(길야곱 또는 길아각) 부부가 거창으로 이주함으로 거창선교부가 탄생하였다. 매크레이는 단성, 산청, 삼가, 함양, 안의, 거창, 삼수내, 곰남 지역을 맡았고, 켈리는 거창, 성기, 가주, 가천 지역을 책임 지었다.[2]

거창군 죽전리에 자리를 잡은 거창선교부 대지 위에 서양식 이층집을 두 채 지어 매크레이와 켈리 부부가 입주하였고, 독신 여선교사

---

2) '경상노회 7회 회록', 1913.

를 위한 집도 세웠다. 매크레이는 1915년까지 거창에서 활동하다 마산으로 이주하였고, 켈리 부부는 1918년까지 일하고 호주로 귀국하였다.

거창으로 부임한 첫 여선교사는 24살의 에이미 스키너(신애미)와 엘리자베스 에버리(이리사백)였다. 이들은 거창선교부가 세워진 그 이듬해인 1914년 거창에 함께 도착하였다. 거창 지역에 외국인 독신 여성이 거주하기는 처음이라 그곳 사람들에게 많은 주목을 끌었다.

"아침 일찍부터 구경꾼들이 우리 외국인과 집을 보려고 몰려들었다. 이들은 나에게도 구경거리였는데 색색의 옷을 입고 우리 선교부 주변을 돌아다녔다. 우리는 서로를 구경하며 흥미로운 시간을 보냈다."[3]

이 둘은 한국어를 배우며 여성과 아이들과 친해졌고, 점차로 순회도 나가기 시작하였다. 호주에서 교육학을 전공한 스키너는 여학생을 위한 공부반[4]을 시작하며 활동을 하였지만, 1916년 마산선교부로 자리를 옮겼다. 한편 에버리는 거창뿐만 아니라 전도부인과 함께 안의, 곰남, 묵실, 합천, 초계 등 여러 마을을 순회하였고, 그 내용을 호주교회에 정기적으로 보고하였다. 그녀는 1918년 호주로 귀국하였다.

매크레이가 마산으로 떠나자 그 자리에 프레더릭 토마스(도별익) 부부가 부임하였다. 그는 1916년 거창에 도착하여 목사 선교사로서의 활동을 시작하였다. 특히 그는 시골 마을에서 진행되는 주일학교에 큰 관심을 갖고 지도하였다. 호주교회는 그에게 자전거를 선물하여 순회 다니기 편리하게 하였다. 그러나 그는 선홍 열에 걸려 고생하였고, 딸 엘시도 병에 걸려 1922년 귀국하였다.

거창에서 가장 오래 그리고 큰 영향력을 끼친 선교사는 스텔라

---

3) '더 크로니클', 1914년 12월 1일, 6.
4) 후에 명덕여학교가 된다.

스코트(서오성)이다. 그녀는 1916년부터 1940년까지 잠깐만 제외하고 거창에서 활동하여 후에 호주선교회는 그녀를 '거창의 주교'라고 부르기까지 하였다. 남성 선교사가 부재한 기간 그녀는 거창선교부의 행정과 재정을 맡았고, 거창교회 여전도회 지도, 전도부인 감독, 명덕여학교와 유치원 교장, 여성성경반 운영 등의 책임을 맡아 활동하였다. 1940년 그녀는 호주에서의 휴가를 마치고 한국에 입국하려 하였지만, 정치적 상황으로 인하여 일본에서 호주로 되돌아갔다.

제인 매카그(맥계익)는 1926년부터 1930년까지 거창에서 순회전도자로 일하였다. 특히 그녀는 빨간색의 포드 자동차를 타고 거창의 시골길을 누비며 다녔다. 간호사 에셀 딕슨(덕순이)은 1936년부터 1941년까지 거창과 진주에서 유아와 여성들을 위한 의료활동을 활발히 하였다. 특히 그녀는 1940년 거창에 유아보건소를 설립하여 거창 지역 의료 활동에 공헌하였다. 엘리자베스 던(전은혜)은 1929년 통영선교부에서 거창으로 이사 왔다. 그녀는 순회전도자로 전도부인과 함께 거창군의 여러 마을을 다니며 전도하고 성경반을 인도하였다. 그녀는 1940년 호주로 휴가를 떠났고, 그 후 1947년 해방 후에 다시 입국하여 거창, 마산, 부산 등에서 일하였다.

2. 거창 지역 교회 목회

1909년 거창교회가 설립될 당시 거창에는 몇 개의 교회가 이미 존재하였다. 미국선교사나 거창의 기독교인들이 설립하였는바 개명리교회(1904), 대산교회(1904), 웅양교회(1906), 가조교회(1906), 가천교회(1907), 위천교회(1909), 소야교회(1909) 등이다. 그러나 당시 거창 지역에 상주하며 목회하는 선교사나 한국인 목사가 없어 그곳에 호주선교부가 선다는 소식에 모두 반가워하였다. 교회들은 목사

없이 당회를 구성하지 못하였고, 특히 세례식과 성찬식을 할 수 없었기 때문이었다.

거창선교부의 호주 목사 선교사들은 자신을 필요로 하는 교회에는 어디든지 가 동사하였는바, 커를이나 매크레이는 웅양교회, 가조교회, 가천교회, 위천교회 등에서 협력하였고, 켈리와 토마스는 앞서 언급된 교회는 물론 성기교회와 원기교회도 도왔다. 여성 선교사들도 물론 이 교회들과 그 너머의 마을들을 방문하며 성경반을 진행하였다. 다만 그들이 호주로 보낸 보고서에 그 교회 이름과 지명이 모두 정확히 기록되지 못하였을 뿐이다. 그들에게 한국 지명은 너무 어려웠을 것이다.

거창군 죽전리에 자리 잡은 호주선교사들은 자연스럽게 거창교회를 중심으로 목회 활동을 하였다. 매크레이는 1913년에 그 교회 설립자 오형선과 조재룡 그리고 주남고(후에 주남선으로 개명) 등에 세례를 베풀었고, 1914년 4월 16일 첫 '직원회'를 7인으로 구성하여 모였다.[5] 매크레이가 회장으로 사회를 보았고, 오형선이 서기로 '직원회 회록'을 작성하였다. 그리고 같은 해 예배당을 건축하였다.

"교회당은 이제 완공되었다. 24 피트 정사각형에 높이는 9피트, 바닥은 나뭇재에 4개의 문을 벽에 달았다. 여름에는 시원하겠지만 추운 겨울이 염려된다. 건축학적 관점에서 보면 교회당이 별로 인상적이지는 않다. 그러나 교인들의 손으로 직접 세워졌다는데 큰 의미가 있다. (중략) 지금 교인 수는 170명 이상이다. 문 주변에 서 있는 사람들은 포함되지 않았다. 매 주일 예수 믿기로 결단한 사람은 일어서라고 할 때 1명 이상은 꼭 있다."[6]

---

5) '거창교회 100년사', 138. (맹호은, 길아각, 황보기, 리평근, 주남고, 최성봉, 오형선 이상 7인)
6) 'The Messenger', 1914년 11월 27일, 755.

1914년 켈리 부부가 거창교회 첫 예배에 참석할 때 예배당 안에 남녀 가림막이 있었고, 75명의 교인이 바닥에 앉아 예배를 드렸다고 기록하였다. 그리고 일 년 후인 1915년 그는 다음과 같이 쓰고 있다.

   "결과적으로 보면 거창교회가 가장 발전적이고 격려가 된다. 두 명의 선교사가 교회 직원과 일꾼들을 인도하고 가르친 덕분이라 하겠다."[7)

   당시 거창선교부의 한국인 직원은 모두 10명이었다. 조사에 황보기, 전도부인에 김은혜와 김애선, 여학교 교사 김소현, 선교사의 언어교사 최성봉, 오형선, 신양섭, 매서인 주남고, 이갑수 그리고 또 다른 조사로 김문우가 있었다. 호주선교사는 모두 6명으로 매크레이 부부, 켈리 부부, 스키너 그리고 에버리였다.

   그러던 중 거창교회에 전환점이 일어났다. 1917년 마침내 한국인 목사를 청빙하게 된 것이다. 거창교회가 주변의 네 교회와 연합하여 평양 출신 이재풍 목사를 초청하였고, 월급으로 20엔을 책정하였다. '거창교회 100년사'는 그가 1916년 4월 부임하였다[8)고 기록하였지만, 그는 그해 거창군 11처 교회를 다니며 조사 일을 보았었다.[9) 청빙위원장이었던 켈리는 이재풍의 부임을 1917년으로 기록하였다.

   "나는 경과보고를 하였고, 알렌은 사회를 보며 매우 좋은 설교를 하였다. 한 가지 인상적인 모습은 바닥에 앉아 예배를 드리던 교인들이 모두 일어나 서약하는 장면이었다. 토마스가 축도하였고, 엄숙한 예배가 모두 마쳤다. 새 목사에게 교인들은 허리 숙여 인사하였고, 시골교회를 방문할 때 유용하게 쓰일 놋젓가락과 숟가락 세트, 그리고

---

7)   Our Missionaries at Work', 1915년 1월, 46.
8)   '거창교회 100년사', 138.
9)   '경남노회회록1', 17. ("거창 5교회에 이재풍 목사를 청빙하는 일은 봉급 20원과 규칙대로 되면 길야곱 목사와 동사목사 위임하기 위하여 특별 노회를 모일 사" - 같은 책 21쪽)

침구를 선물하였다. 이 교회가 오래 기억할 예배였다."[10]

1916년 중반 거창교회의 교인 11명이 세례를 받았고, 73명이 성찬식에 참여하였다. 그리고 1917년 6~7월에 성인 11명과 유아 10명이 세례를 받았다. 1918년에는 2차 교회당 건축[11]이 있었고, 오형선이 장로로 장립되므로 당회가 성립되었다. 당시 거창선교부 소속 지경에 1,006개의 마을이 있었고, 교회는 모두 23개라고 켈리는 호주에 보고하였다. 그 후 켈리와 토마스가 각각 호주로 귀국한 후 프란시스 커닝햄(권임함)이 진주에 거주하며 거창 지역을 보살폈다. 그러나 거창선교부에 거주하는 남성 선교사가 부임하지 못하여 그들의 사택은 오랫동안 비어있었다.

1923년 거창교회에 새 한국인 목사가 부임하였다. 김길창 목사가 안수받은 지 일주일 만에 부임하였는바 다음과 같이 당시의 소회를 밝히었다. "(교회는) 40평 남짓한 장형 와가로 된 시골 교회라고는 볼 수 없는 물론 군 소재지긴 하지만 큰 교회였다. 전기도 가설되었고 피아노도 있었는가 하면 종각도 높이 솟아 있었다."[12]

1925년에 들어서 거창교회의 교인은 450명이 넘었고, 예배당은 비좁았다. 그 전해부터 교인들은 새 교회당을 짓기 위하여 헌금하였는바 삼천여 원이 모였고, 건평 60여 평에 새 건물을 지었다.[13] 당시 거창선교부에 호주선교사로는 스코트와 딕슨이 있었고, 한국인 목사로는 1926년 교회에 부임한 김만일이 있었다. 그 다음해 거창교회는 구역을 아홉 개로 나누어 구역예배를 드렸고, 여전도회 회원들은 성미를 하여 그 돈으로 전도부인 한 명을 고용하였다. 후에 신사참배 반

---

10) 'OMW', 1917년 7월, 11.
11) '거창교회 100년사'는 그 연혁에 1914년 1차 교회당 건축(초가 8간) 그리고 1918년 2차 교회당 건축(기와 32간)으로 기록하였다.
12) 김길창, 『말씀따라 한평생』, 2007, 62.
13) '동아일보', 1925년 2월 17일, 2.

대 운동으로 투옥되는 주남선 목사가 1930년 안수를 받고 담임으로 취임하였고, 호주 남성선교사 아서 코트렐(고도열)은 1936년에 가서야 거창에 부임하였다.

3. 명덕여학교와 유치원

서당 혹은 강습소로 알려진 명덕여학교는 1916년 공식 시작되었다. 1914년 부임한 스키너는 초가집 한 칸을 빌려 소녀들을 모아 성경과 한글을 가르쳤고, 학생의 수도 점차로 늘어났다. 그녀와 함께 거창에서 일하였던 에버리의 글에 다음과 같은 내용이 나온다.

"학교의 학생 수가 증가하고 있고, 그들의 외모와 옷차림은 안 믿는 가정의 아이들과 확연히 구별된다. 학생 중 몇 명은 주일예배에 출석하고 있다. 거창의 이 첫 여학교에 우리는 큰 희망을 걸고 있다. 여학생들의 자부심도 크다."[14]

당시 호주선교회의 정책 중 하나가 각 선교부에 유치원과 보통학교를 세워 학생과 그들의 부모와 관계를 맺는 것이었는바, 거창선교부도 여학교 설립을 적극적으로 추진하기 시작하였다, 먼저 학교 건물 건축이 필요하였다. 호주 빅토리아여선교연합회도 재정 지원을 준비하였다. 그런데 문제가 있었다. 당시 일본 교육부 당국이 공포한 '개정 사립학교 규칙' 때문이었다.

새 법령에는 학교가 되려면 독립적인 건물이 있어야 하고, 종교 교육을 못 한다는 조항이 있었다. 호주선교회에 학교 건물은 문제가 아니었지만, 성경 과목 금지 조항은 큰 걸림돌이었다. 당시 한국의 호주선교사공의회는 이 문제를 놓고 심각하게 토론하였고 결국 학교 등록 추진을 보류하였다.

---

14) '더 크로니클', 1915년 8월 2일, 6.

1916년 1월 21일 당국은 거창선교부에 통지하였다. 학교를 등록하든지 아니면 문을 닫으라는 것이었다. 선교부는 학교를 등록하는 대신 서당[15]이란 이름으로 재편하여 2월 10일 문을 열었다. 이런 방법으로 서당에서 성경 과목을 포함하여 한자, 한국어 그리고 산수를 가르칠 수 있었다. 한국인 교사도 두 명 고용하였다. 동시에 주간에 나오지 못하는 소녀와 여성들을 위하여 야간반도 시작하였다.

스키너가 마산선교부로 이임하게 되어 켈리 부인이 학교를 맡았고, 6월 30일 첫 방학식을 맞았다.

"지방 당국은 우리 학교를 주의 깊게 감시하고 있다. 그들은 정기적으로 켈리를 불러 교사와 가르치는 과목에 관하여 묻는다. 우리는 여전히 '서당'으로 세 과목만 가르치고 있다."[16]

그 후 거창선교부는 다시 학교 건물 건축을 추진하였다. 1916년 11월 건물 건축을 위한 계약을 체결하였다. 새 건물은 필요시 교회의 교실로도 사용될 것이었다. 그리고 건물이 세워져도 정부에 등록하지 않고 서당으로서 교육 활동을 계속할 심산이었다.

그로부터 1년 후인 1917년 12월, 학교 건물이 완성되었다. 거창선교부로서는 매우 큰 성취였다. 그러나 일본 당국은 여전히 엄격하였다. 건물이 있어도 세 과목만 가르치는 학교로는 안된다고 하면서, 유치원과 야간반을 위해서만 사용하라고 하였다. 거창선교부와 일본 당국의 줄다리기는 그 후로도 계속되었다.

스코트가 거창에 부임하면서 여학교를 책임 맡았다. 1916년 10월 여학교에는 21명의 학생이 있었고, 한국인 교사 두 명이 있었다. 그리고 1917년 여름에 있었던 여학교 방학식과 그들의 발표회를 그녀

---

15) 에버리는 이 학교를 'sohtang'으로 표기하였고, 호주 독자들에게는 '마을 학교'라고 설명하였다.
16) '더 크로니클', 1916년 10월 2일, 3.

는 호주에 보고하였다. 두 명의 교사 중 한 명은 김소현이었고, 다른 한 명은 김은애였다. 그러나 김은애는 결혼하여 학교를 떠나게 되었다고 전하였다.

1921년 말, 스코트는 호주의 교회에 편지를 썼다. 일본 당국이 학교를 '특정한 과목을 위한 가르치는 장소'[17]로 등록하라고 행정 명령하였다는 것이다. 당국은 여학교에 많은 서류를 요구하였고, 또 신청서도 몇 번 반려되며 학교는 여전히 '강습소'로 운영되고 있었다.

1923년 스코트의 보고에 의하면 명덕여학교 학생 수가 유치원생의 수를 포함하여 100명을 넘었고, 다른 보통학교와 마찬가지로 4학년까지 공부하고 졸업하였다. 명덕여학교는 이미 일반 초등학교와 같은 교육을 하고 있었지만, 미션 스쿨이라는 사실로 인하여 정식 등록을 못 하고 있었다. 당시 학교에는 남학생반도 있었다. 10살까지 학교를 안 다닌 아이들을 받아 교육했는바 학생 수가 40명이 되었다.[18] 그러나 남 반은 정확히 언제 시작되어 어떤 교사가 어떤 과목을 가르쳤는지 불분명하다.

1923년 성탄절, 명덕유치원의 발표회가 있었다. 거창의 많은 사람이 아이들의 노래와 율동을 보았다.

"지난번 성탄절 이후 거창의 많은 사람이 우리가 유치원을 운영하고 있다는 사실을 알았다. 그리고 유치원 아이들의 놀랍고 기특한 모습도 보았다. 우리는 교회에 속한 한 방에서 유치원을 6개월 동안 운영하여 왔다. 정원으로 인하여 자신의 아이를 입학시키지 못하는 부모들의 실망은 적지 않다."[19]

유치원은 이전부터 운영되고 있었지만, 이때쯤 유치원의 인기가

---

17) 'a teaching place for certain subjects'
18) '더 크로니클', 1924년 5월 1일, 3.
19) '더 크로니클', 1924년 9월 1일, 6.

높았다. 등록금이 50센 즉 1실링 정도로 당시로써는 적은 않은 금액이었지만, 부모들은 경쟁적으로 자신의 아이를 유치원에 입학시켰다. 학부모회는 기금을 모금하며 독립된 유치원 집을 구하려고 백방으로 노력하였다. 그리고 마침내 1925년 중반에 유치원 건물을 새로 지어 성대한 낙성식을 하였다.[20] 스코트는 보고서에 이 일을 하는 이유는 쓰고 있는바, 예수님이 아이들을 부르고 사랑하기 때문이고, 부모도 그리스도를 만나기 원하기 때문이라 하였다.

1927년 명덕여학교 교원은 남녀 3명에 학생 수는 80명 정도였다. 유치원의 학생 수는 70명 정도에 원장은 스코트 그리고 교원으로는 김신복, 김양순, 이귀남이었다. 그 이후 학교는 계속 발전하여 새 건물이 필요하였고, 1936년 정식 등록을 위한 또 한 번의 노력이 있었다. 거창선교부는 호주교회에 다음의 안건을 제안하여 승인받았다. "학교 건물 완성 후에 6년 과정의 소학교 과정을 신청하기로 하다."[21]

그러나 그 과정은 끝까지 순조롭지 못하였다. 당시의 한 일간지가 명덕여학교의 상황을 비교적 길게 기사화하였다. 학교는 매년 130~140명의 학생을 교육하였고, 1939년에 제19회 졸업생을 배출하였다고 보고하였다. 원래 4학년제였는데 1937년부터 6학년제로 운영하였고, 거창군 죽전리에 12,000여 원을 들여 새 교사를 세워 이전하였다고 하였다.

명덕여학교가 거창 사회에 끼치는 영향은 크나 일본 당국의 신사참배와 호주인 교장을 사임시키려는 압력 그리고 종교 교육의 근본 목적을 달성하기 어려운 점으로 인하여 호주선교회는 폐교를 고려하고 있었다.

"선교회 측의 근본 목적 달성에 불합리하다는 이유로 폐교설이

---

20) '동아일보', 1925년 6월 22일, 3.
21) 'The Records', Vol 23, 73쪽, 1936.

있어 거창 사회로서는 중대한 문제가 되었었고, 그 후 고심초사 하던 중 다행히 거창장로교회에서 인수 경영하게 되어 신축교사는 동 선교회 경영인 진명유치원이 사용하기로 하고 구 교사는 이 개년 기한으로 무료대여한다는 조건으로 지난 삼월 이십 일에 정식 인계 수속이 완료되어 그 설립자 겸 교장으로는 윤성봉 씨가 피임되어 비운에 빠졌던 명덕여교 문제도 이로부터 명랑한 해결을 보게 되어 오는 사월 십칠일부터 개교하리라 한다."[22]

호주선교회는 그리스도의 정신으로 명덕여학교와 유치원을 계속 운영한다는 조건으로 거창교회에 학교를 이관하였다.

"(1) 교회가 현재 학생들을 책임지는 것으로 여긴다. (2) 언제라도 학교가 운영되지 않으면, 선교부가 건물, 땅, 그리고 설비를 다시 통괄한다. (3) 교회가 건물관리의 책임을 진다. 이 협약은 2년 후 (1941년 3월 31일)에 효과가 상실되며, 재협약할 수 있다."[23]

그 후 명덕여학교는 1939년 4월 18일 한국인을 교장으로 하여 개교하였다. 신입생은 50여 명이었고, 전체 학생 수는 150여 명이었다. 그러나 명덕여학교는 결국 일제에 의하여 1941년 폐교되었다.

2006년 발간된 '경남노회의 역사'는 명덕여학교의 공헌을 다음과 같이 평가하였다. "1. 문맹 퇴치 운동에 크게 기여하였다. 2. 인간의 가치와 존엄성, 인도주의, 인류애 등의 기본 정신을 함양하였다. 3. 여성 교육을 통하여 남녀평등사상과 여권 신장에 기여하였다. 4. 애국정신을 함양하여 애국 운동의 산실이 되게 하였다. 5. 직업교육을 통하여 사회 교육과 계몽에 공헌하였다."[24]

---

22) '조선일보', 1939년 4월 3일, 3. (철자법과 띄어쓰기를 현대어로 수정함)
23) 'The Records', Vol 26, 20쪽, 1939.
24) '경남노회의 역사', 78.

4. 순회전도와 마을 학교 운영

거창선교부의 지경은 거창내를 비롯하여 합천, 안의, 함양, 초계, 개평 등에까지 이른다. 남녀 호주선교사들은 그 넓은 지역을 걸어서 혹은 나귀를 타고 혹은 자전거와 자동차를 이용하여 정기적으로 순회하였다. 남성 선교사들은 목사로 주로 세례문답반 교육, 세례식과 성찬식 집례, 남자성경반 운영, 지역 조사나 매서인 감독, 교인 상담과 징계 등을 하였고, 여성 선교사들은 여성성경반 개최, 어린이 사역, 여름성경학교 지원, 세례문답반 교육, 전도부인 감독, 교인 상담 등을 하였다.

남성 선교사들은 조사나 자신의 언어 교사를 대동하며 순회하였고, 여성 선교사들은 전도부인과 같이 다니며 그들의 길 안내와 언어 통역 그리고 문화 해설 등의 도움을 받았다. 선교사들이 순회 전도를 나가면 보통 음식과 침구를 가지고 다녔고, 그 순회 기간은 평균 일주일에서 이 주일이었다.

한 예로 에버리는 1915년 스콜스와 함께 안의와 곰남 등 6개의 마을을 방문한 기록을 남겼다. 그리고 1916년에는 묵실과 함양을 포함한 8개의 마을, 1917년에는 합천과 초계 등 13개의 마을을 방문하였다. 이들이 가는 곳마다 많은 구경꾼이 모였고, 그 기회를 이용하여 전도부인이 전도하는 형식이었다. 그리고 그곳 교회 여성들을 만나 함께 예배하며 관계를 돈독히 하였다.

순회전도의 목적을 던은 사도행전 15장 36절을 기초로 말하였다. "우리가 주의 말씀을 전한 각 성으로 다시 가서 형제들이 어떠한가 방문하자." 거창 지역의 시골과 산골에 고립된 외로운 기독교인을 찾아 격려하고 연대하는 사역이었다. 1931년 던은 개평과 서상 등을 방문한 이야기를 쓰고 있다. 특히 개평은 부자마을이었다. "우리 모임에 오는 사람은 대부분 낮은 계층의 사람들이지만 부자 중 우리 모임을 구경하다가 점차 합류하여 주님의 집에 한 식구가 되어가고 있다."[25] 순회전도는 교회 설립과 성장에 직접적인 관계가 있으므로 호주선교회의 중요한 사역이었다.

거창선교부의 마을 학교 운영도 주목할만하다. 거창 주변 당시 학교나 교회가 없는 시골에 주일 오후 어린이를 위한 '일요일마을학교'[26]를 개설하여 한글과 성경을 가르쳤다. 이 방법은 꽤 성공적이어서 여러 마을에 학교가 생겼고, 이 학교의 아이들과 구경 나오는 부모들을 중심으로 예배 모임을 조직하여 교회 설립을 하였다.

켈리는 1913년의 한 보고서에 어떻게 마을 학교를 시작하고 운영하였는지 그 경험을 자세히 쓰고 있다. 그는 멀지 않은 곳의 한 마을을 택하여 언어 교사와 함께 방문하였다. 어린이들이 놀고 있을 만한 마당을 찾았고 그들의 주의를 끌어 간단한 이야기를 들려주었다. 그리고 다음 주일 오후에 또 오겠다고 약속하였다. 그러나 일주일 후 이들을 기다리는 아이들은 없었다. 요일이나 시간의 개념이 없는 아이들에게 일주일 후는 너무 먼 기간이었다.

다시 그 마을을 찾아 아이들을 몇 번 만나다 보면 그들이 관심을 두기 시작하는데, 켈리에게는 작은 풍금이 결정적이었다. 풍금을 치는 날 어른들도 나와 보았고, 결국 한 여성이 방을 빌려주었다. 그 후 그 집에서 주일 오후마다 모여 찬송하며 예배를 드렸고, 점차 교회 공동체를 이루어 나갔다.[27]

여러 마을에 이런 방법으로 조직된 마을 학교 학생들은 일 년에 한 번 거창교회에 모여 함께 예배를 드렸다. 1917년 성탄절에 180명의 어린이가 모여 성탄을 축하하였고, 과자, 사탕, 밀감 등을 선물로

---

25) '더 크로니클', 1931년 11월 2일, 6.
26) 호주선교회는 이 학교를 'Sunday Village School'로 표기하였다.
27) 'Our Missionaries at Work', 1913년 7월, 10-11.

받았다고 에버리는 전하고 있다.

1920년 거창교회 주변 다섯 개의 마을 학교에 250명의 어린이가 출석하고 있다고 토마스가 보고하였다. 과목에는 성경은 물론 읽기와 쓰기도 포함되었다. 창문 없는 작은 방의 불편함을 아이들은 잘 참아 내었고, 오히려 선교사가 인내하기 어려운 상황이라 하였다.

"우리는 야학교도 운영한다. 주일학교가 있는 모든 마을에서 운영하지는 못하지만, 한글 읽기를 가르치며 성경을 읽게 한다. 수년 동안 이런 형식으로 교육이 정기적으로 진행됐고, 이곳에서 배운 아이들이 얼마 안 있어 우리 교회 교인이 될 것이다. 이미 그들 중에 좋은 기독교인이 나오고 있다."[28]

1931년 한 신문은 호주선교회가 거창군 내 11개 마을에 주간 학교를 설립하여 문맹 퇴치에 앞장서고 있다고 기사화하였다. 학생 수가 모두 7~800명에 달하는데, 월사금도 받지 않고 공책까지 사준다고 하였다. 또한 학교에서 일하는 8명의 교원을 소개하며 성심성의로 교수한다고 칭찬하였다. 그 명단은 다음과 같다; 강진실, 이점덕, 박삼봉, 허사혜, 이순옥, 이성복, 이희순, 김복수.[29]

5. 영유아보건소

거창선교부의 의료활동이 진주선교부의 배돈기념병원 활동과 비교하면 소규모였지만, 그 의의와 중요성은 절대 작지 않다. 호주선교회는 다섯 개의 선교부에 진주에만 병원을 설립하였고, 나머지 네 개

---

28) 'The Messenger', 1920년 3월 5일, 149.
29) '조선일보', 1931년 5월 2일, 3.

의 선교부에는 보건소나 진료소를 두어 의료활동을 적극적으로 펼쳤다. 경상남도의 소외된 지역 교인과 사람들도 의료 혜택을 볼 수 있도록 호주인 의사나 간호사가 돌아가며 활동을 한 것이다.

거창 지역 초기 의료활동은 배돈기념병원 의사와 간호사가 정기적으로 방문하면서 시작되었고, 1920년대 초에는 프란시스 클라크(가불란서)가 그곳에 상주하며 의료활동을 하였다.[30] 점차로 그 수요가 높아지자 당시 비어있던 토마스의 사택 방 두 개를 임시 진료소로 활용하였는바, 한 방은 대기실로 다른 방은 진료실이었다. 그곳에서 때로 수술도 진행되었다.

그런데 문제는 이 보건소 혹은 진료소[31]를 당국에 정식으로 등록하지 못하고 있었다. 그 이유는 자체 건물도 없고, 상주하는 의사도 없기 때문이었다. 배돈기념병원의 윌리엄 테일러(위대연) 의사는 거창의 보건소를 배돈기념병원 지부로 등록할 방안을 찾았다. 자신이 매달 진주에서 거창을 방문하여 진료하겠다는 약속도 하였다. 그러나 일본 당국의 대답은 부정적이었다. 거창에서는 조용히 보건 활동만 하라는 것이었다.

거창 지역에서 간호사이지만 '의사 부인'으로 불린 딕슨은 1934년 한 해에만 3,437명이 보건소에서 치료를 받았다고 보고하며, 다음과 같이 호주에 보건소 건축을 위한 재정 지원을 호소하였다.

"우리는 거창에 병원을 세울 계획은 없다. 다만 가난하고 병든 자들을 치료해주고, 위생 교육을 하고, 엄마와 아기가 10년 동안 건강한 생활을 할 수 있도록 도울 수 있는 장소를 원할 뿐이다."[32]

마침내 호주의 한 친구가 거창의 보건소 건물을 위하여 50파운드

---

30) '호주선교사와 배돈기념병원'을 참고하시오.
31) 호주에는 그 이름이 Baby Welfare Center로 소개되었다.
32) '더 크로니클', 1936년 4월 1일, 3.

를 기증하였다. 그리고 50파운드씩 기증할 수 있는 또 다른 기증자 5명을 찾아 건축 비용 300파운드를 모으자는 제안이었다. 그리고 곧 후원자들이 나타났고, 나머지도 약정되어 보건소 건물 건축이 시작되었다. 건축가는 김봉득이었다.

1940년 중반 마침내 영유아보건소 건물이 완공되어 봉납예배를 드렸다. 그리고 공식적으로 배돈기념병원 지부 보건소가 되었다. 보건소의 평면도와 아담한 건물 사진을 호주의 회원들도 보았다. 호주 후원자들은 일제가 자신들의 선교사를 추방할지도 모른다는 염려 속에서도 또한 전쟁의 위협 속에서도 보건소 건축을 위하여 모금하고 후원한 것이다. 보건소 안에는 우유 보급방으로부터 시작하여 목욕탕, 진료실, 시약실, 육아실, 빨래방 등이 있었다. 지하에는 물탱크가 있어 겨울에 온수를 제공할 수 있도록 하였다.

봉납예배 다음 날 거창보건소는 우량아 선발대회를 주관하며 부모와 아이들의 보건 활동을 교육하였고, 배돈기념병원의 찰스 맥라렌(마라연) 의사도 왕진하여 환자를 진료하였다. 이날 치료를 받은 사람만 68명이었다. 그리고 몇 개월도 지나지 않아 호주선교사들은 일제의 압박 속에 차례로 호주로 귀국하였고, 거창선교부도 폐쇄되었다. 그 후 보건소는 어떻게 되었을까.

6. 나가는 말

호주선교회의 거창 지역 선교는 부산, 진주, 마산 그리고 통영에서의 활동과 비교하면 그 내용이 많이 알려지지 않았다. 그뿐만 아니라 거창에서의 목회는 물론 교육과 의료 활동도 저평가되었다는 느낌이다. 그중에서도 명덕여학교, 명덕유치원, 영유아보건소, 시골 마을 주간과 야간학교 활동 내용은 당시 사회와 문명 발전에 큰 공헌 하였는 바 그 내용이 더 깊이 연구되어 밝혀져야 하겠다.

　　동시에 호주교회에 관한 연구도 필요하다. 당시 호주 빅토리아장로교회는 제1, 2차 세계대전과 경제 대공황을 거치면서도 한국 선교를 위해 기금 모금과 후원에 최선을 다하였다. 그들의 눈물겹고 헌신적인 선교사 파송과 선교지 지원으로 인하여 거창이라는 지역에 복음이 전하여졌고, 학교가 세워졌고, 진료소가 운영되었다. 호주장로교회의 거창선교부 1941년 예산은 해외선교위원회는 1,513엔, 여선교연합회는 9,980엔이었다. 이 예산에는 호주선교사 봉급과 거창선교부 운영비는 물론 한국인 전도부인과 조사, 유치원 교사, 보건소 간호원 등의 봉급을 포함하여 각종 건물 유지 보수비용까지 책정되었다.[33] 호주교회는 마지막 순간까지 희망을 놓지 않고 있었다.

　　일제의 압력 속에 호주선교사들은 차례로 1942년까지 자신의 고향으로 철수하였다. 당시의 긴박한 상황 속에 선교 현장의 교회, 학교, 병원, 복지관 등을 그대로 두고 나갔다. 일부는 경남노회에, 일부는 관계 교회에 넘기거나 운영을 위탁하였고, 일부는 손도 못 쓰고 떠난 것이다. 그 후 거창에서의 선교 활동과 재산은 다 어떻게 되었을까. 호주선교사들의 바람대로 '예수 정신'으로 계속 운영되었을까. 호주선교사들의 정신과 유산이 거창에서는 어떻게 이어지고 있는지 자못 궁금하다.

---

33)　'The Records', Vol. 27, 1940년 6월, 57-59.

<참고 도서>

PWMU, 『The Chronicle』, Melbourne, 1914-1941.
APM in Korea, 『The Records』, Korea, 1911-1941.
PCV, 『The Messenger』, Melbourne, 1915-1920.
PCV, 『Our Missionaries at Work』, Melbourne, 1913-1917.

김기현, 『경남노회의 역사』, 경남노회, 2006.
거창교회 100년사편찬위원회, 『거창교회 100년사』, 거창교회, 2009.
박태안, 『거창기독교 120년사』, 거창군기독교연합회&거창기독문화원, 2024.
양명득, 『호주선교사와 배돈기념병원』, 동연, 2021.
양명득, 『호주선교사 열전-마산과 거창』, 나눔사, 2023.
최병윤 편, 『경남노회회록1』, 부산경남기독교역사연구회, 2014.

동아일보 아카이브
조선일보 아카이브

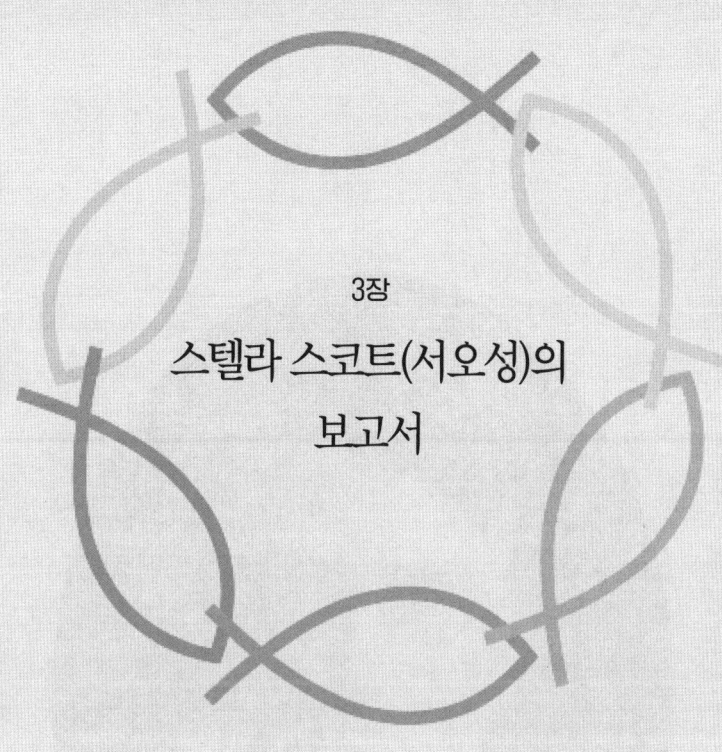

3장
스텔라 스코트(서오성)의 보고서

(Stella Scott, 1872-1961, 한국명: 서오성)

1. 그녀는 누구인가

스코트 양은 아라랏 부근의 오포섬 걸리에서 태어났다. 그녀의 부친은 학교 교사였고, 그녀는 그곳에서 자랐다. 그녀의 가족이 클루네스로 이사하자 그녀도 학교를 그곳으로 옮겼다. 그녀는 11명의 자녀 중 장녀였는데 가족이 시무어로 이사한 후에는 수년간 가정에 대한 의무를 다하였다. 그 와중에 그녀는 특별히 음악을 공부하였고, 다양한 종류의 책을 읽었다. 이곳에서 그녀는 주일학교와 친교회 일을 경험하였고, 음악 교사의 길을 시작하였다.

그 후 스코트는 빅토리아주의 여러 곳을 다녔고, 성 아나우드와 특히 지롱에서 빅토리아여선교연합회 선교 활동에 점점 깊이 참여하였다. 동시에 그녀는 노말칼리지에서 네 개 과정을 다 마쳐 수료증을 받았고, 피아노 교사 자격증도 수료하였다.

스코트는 또한 아스콧 베일에서 기독교 사역자의 경험을 더하였고, 1914년에는 케네톤에서 성경과 선교학교에 참석하였다. 이것이 선교에 대한 그녀의 이해를 깊게 하였다. 그녀는 발라렛 에세이 경쟁에서 '플로렌스 나이팅게일' 등 여러 편의 글로 상을 받았다.

스코트는 디커니스훈련원[1]에서 다양한 훈련을 마쳤으며, 한국이라는 새 현장으로 나갈 준비를 마쳤다.

[더 메신저, 1916년 1월 28일, 51]

---

1) Deaconess Institute, 사회봉사 목회자와 선교사를 훈련하는 학교로 여선교사들은 대부분 멜버른 소재 이곳에서 훈련을 받았다.

2. 새 선교사 출국일

호킹 양과 스털링 양과 스코트 양은 엥겔 부부가 한국으로 돌아가는 1월경에 함께 출국하는 것이 여러 가지 이유로 지혜로울 것 같다. 새 선교사들의 부임지는 한국의 선교사공의회에서 9월에 결정할 것이다.

[더 크로니클, 1915년 7월 1일, 1]

3. 선교사 후보 위원회

로랜드 여사가 다음과 같이 보고하였다. 해밀톤 양과 스코트 양 그리고 스털링 양이 성경 시험에 합격하여 훈련원에 입학하였다. 훈련원은 호킹 양이 2년을 다 채우지 못하였지만 디커니스로 임명하기로 동의하였다.

[더 크로니클, 1915년 10월 1일, 8]

4. 충분한 자격

스코트 양과 호킹 양은 둘 다 순회전도자로 갈 것이다. 스코트 양은 선교사 훈련원에 짧은 기간 있었지만, 아스콧 베일 등에서 교회 사역 경험이 있기에 충분한 자격이 있다. 호킹 양은 훈련원에서 18개월 동안 수학하였고, 우리 교회의 디커니스로 임명받았다. 우리 선교사 둘 다 해외 선교지에서 그리스도를 위하여 수년간 헌신할 각오가 되어있고, 비록 가족과 이별하는 아픔이 있지만, 기도의 응답을 받았으므로 기뻐할 기회이다.

이들이 자신들의 동료들에게 큰 힘이 되며 많은 영적인 자녀를 얻을 수 있도록 여러분이 기도해 주지 않겠는가? 현재로서 스코트는 마산포로 호킹은 부산진으로 부임할 예정이다.

[더 크로니클, 1916년 6월 1일, 4-5]

5. 엥겔 가족과 함께 떠나다

스코트와 호킹 그리고 토마스 부부는 엥겔 가족과 함께 1월 29

일 시드니의 샌 알반스 호를 타고 떠나기 희망하고 있다. 엥겔 가족은 20일 멜버른을 떠나는 샌 알반스 호를 타고, 스코트와 호킹은 시드니까지 기차로 가 그곳에서 며칠을 보낼 계획을 하고 있다. 그러므로 그들의 출발 날짜는 아직 확정되지 않았다.

(더 크로니클, 1916년 6월 1일, 4-5)

6. 나의 첫인상

한국에 관한 나의 첫 인상은 이번 달 즐거움의 소용돌이 속에 약간은 왜곡되었을 수 있다. 많은 방문객이 다녀갔다. 다른 선교부의 인원들이 부산진을 가거나 오면서 우리 선교부에 들렸다. 일본에서도 왔고, 심지어 멜버른에서 온 방문객도 있었다. 지금 이곳의 분위기는 빅토리아의 12월 같은데 동방에서는 3월 중에 학년 말 행사들이 있다.

먼저 우리가 참석한 모임은 한국 여학생을 위한 정부 학교 행사였다. 우리 학교의 맥피와 교사들은 정부 학교 전시회에 초청을 받았고, 우리는 참석하는 것이 정치적으로 좋다고 생각하였다. 그들은 우리를 교문 앞에서 맞아 사무실로 안내하였다. 그곳 관계자들이 우리를 환영하였고 학생들이 차를 내왔다. 미국 난로 위에 찻주전자가 끓었다. 나는 처음으로 일본 차를 마셔보았는데, 마치 약을 먹듯이 마셨다. 사무실 안은 매우 더웠고 우리는 겨울옷을 입고 있었다. 벽에는 수공예

품이 몇 점 전시되어 있었지만, 본격적인 전시 방은 다른 곳에 있었다.

강당에 들어서니 모여있던 학생들이 기립하여 우리 방문객들에게 인사하였다. 그리고 공연을 시작하였다. 학생들은 노래를 잘 불렀지만, 일본 노래였다. 두 명의 학생이 나와 특별 암송을 하였고 한 학생은 일본어로 다른 학생은 한국어로 하였다…. 네 명의 여학생은 붓글씨 실력을 보였는데 한자를 썼다. 이 학교의 학생 세 명이 기독교인이고 그중에 상급반 한 명이 내년에 우리 학교로 온다.

같은 주에 우리는 다음 주에 과정을 모두 마치는 네 명의 학생과 네 명의 교사를 위하여 만찬을 베풀었다. 학생들은 식사시간에 부끄러워하였지만, 그 후에는 매우 즐거운 모습이었다. 이들은 열정적으로 노래도 불렀고, 손수건 돌리기도 하였는데 손수건이 찢어질 정도였다. 두 명의 학생은 레잉과 함께 교과서에 있는 상황극을 하였는데 재미있었다. 밤 10시가 넘는 것도 모르고 놀았지만, 집으로 돌아가야 하였다.

그리고 남학생들의 종강식도 있었다. 교실은 만국기로 치장되었다. 식은 엄숙히 진행되었다. 훈련 교사가 감독하였고, 시간에 맞추어 진행되었다. 전체 약 150명의 남학생이 있다. 12명은 저학년에서 6명은 상급반에서 졸업장을 받았다. 학교의 작은 밴드부가 '우리가 여러분을 편안히 해드리겠습니다'라고 소개하였다. 그러나 밴드부의 연주의 끝나자 우리의 마음이 오히려 편안해졌다!

다음 날 한국식 결혼식이 있었다. 남학교로 사용되는 교회당은 일찍부터 사람들로 붐볐다. 아침 일찍 누가 우리의 좋은 의자를 빌려 갔는데 신랑과 신부가 앉는 자리에 놓여있었다. 신랑은 놀랍게도 정장을 입었다. 신부는 늦게 도착하였다. 그녀는 예쁜 한복을 입었는데 면사포가 그녀의 모습을 일부 가렸다. 그녀가 예배당에 도착하여 가마에서 내릴 때 여성들은 그녀의 손을 가려 주었다. 한국에서는 신부가 매우 부끄러워하는 모습이다. 반지를 끼거나 서명을 할 때만 그녀의 손을 감싼 비단을 풀었다. 이 교회의 새 목사는 식을 마치고 신랑과 신부가 떠나는 것을 도왔다. 신랑은 인력거를 타고 신부는 가마를 타고 교회당을 떠났다.

다음 행사는 여학교에서 있었다. 졸업하는 학생들이 우리를 식사에 초청하였다. 그들은 우리의 컵을 빌려 가 음식이 있을 것으로 생각했지만, 잔치를 기대하지는 않았다. 첫 번째 음식은 고기와 채소가 들어가 있는 국수였다. 젓가락으로 먹어야 하는 음식이다. 나에게는 숟가락을 주었지만 거절하고 젓가락으로 먹을 만큼 먹었다. 일본 케이크와 사탕과 오렌지 그리고 한국 '엿'도 있었다. 엿을 살 때는 엿을 잘라 작은 구멍이 있는 사람이 돈을 내기도 한다. 모두 잘 먹고 게임도 즐겁게 하였다.

마침내 마산 여학교의 역사적인 날이 밝았다.[2] 네 명의 상급반 학생이 과정을 모두 마치고 졸업장을 받게 된 것이다. 졸업식은 남학교의 졸업식과 비슷하게 진행되었지만, 좀 덜 엄숙하였다. 하급반 학생들이 성경 암송을 하였고, 마칠 때 참석한 부모들에게 자녀가 있다면 우리 학교에 보내 성경을 배우게 하라고 하였다. 남학교와 마찬가지로 여학교도 교가가 있는데 학생들이 힘차게 불렀다.

마산의 총독이 통역관을 통하여 연설하였고, 일본 학교 교장도 연설하였다. 졸업식 후에 참석자들은 여학생들이 만든 수공예품, 그림, 글 등을 둘러보았다. 맥피가 이 중 몇 점을 호주로 가지고 가 여러분도 볼 수 있을 것이다. 졸업생 중에 우는 아이는 없었지만, 자신들의 학창시절이 끝났음을 슬퍼하였다. 이날 저녁 학교는 졸업생을 위하여 그리고 떠나는 교사들을 위하여 잔치를 베풀었다. 매우 즐거운 저녁이었다….

---

[2] 의신여학교를 말한다.

레잉은 3월 대부분 시골 순회를 다녔다. 스키너가 학교를 맡으면 맥피도 시골교회들을 방문할 것이다. 4월에는 에버리가 순회를 떠날 것이고, 나는 5월 초까지는 거창에 가지 않을 것이다. 이곳에서 나의 언어 교사와 좀 더 있게 되어 좋다. 그는 열심히 나를 가르치고 있고, 말을 그치지 않는다. 그는 항상 시간을 초과하여 가르치거나 한 문장 더 읽게 한다. 나의 첫 교사는 현재 교사의 부친이었는데 그만두라고 내가 말하였을 때 크게 안심하는 눈치였다. 7월의 한국어 학교에 참석하기를 기대하고 있다.

마산포, 4월 5일.
(더 크로니클, 1916년 6월 1일, 4-5)

7. 거창에서의 첫 소식

이 편지가 거창선교부 대표로서 처음 보내는 소식이다. 이곳에 부임한 지 이제 몇 주일 되었는데 그동안 나는 한국어를 위하여 북쪽 원산에 있었다. 그리고 부산의 공의회에 참석하였고 돌아온 지 이제 일주일이 되었다. 그래서 전할 이곳 소식이 많지는 않다. 언어공부에 주로 집중하면서 동시에 이곳의 상황을 다 파악하기는 쉽지 않다. 호주에서 온 편지 중 지난 6개월 동안 내가 이곳의 언어에 익숙해졌으리라고 추측하는 내용이 있는데 흥미롭다.

거창 소식을 에버리가 원산에서 전하였었다. 우리는 미국선교사가 준비한 한국어 공부를 하고 있었다. 그곳에서 한 달을 보내면서 아침에는 언어공부, 오후에는 언어 교사와 함께 복습하였다. 과정을 모두 마치고 우리는 며칠 쉴 수 있었다. 그곳에서 나는 부산진을 방문하였다. 에버리는 곧장 거창으로 가 새 전도부인을 교인들에게 소개하고 그녀가 일을 시작하도록 지도하였다.

부산에서 선교사공의회가 시작되기 전 많은 사람을 위한 성탄 준비가 진행되었다. 우리는 동료들을 만날 생각에 들뜬 마음이었다. 클라크와 데이비스가 부산에 도착하였을 때 우리의 흥분은 최고조에 이르렀다. 처음 한국에 왔을 때보다 우리는 현장 상황과 토론에 할 말이 더 많아졌다. 그리고 선배 선교사들의 경험과 지혜가 내년을 어떻게 계획하고 운영해야 하는지 우리에게 영감을 주었다.

공의회를 마치고 우리는 각자의 선교부로 흩어졌다. 에버리와 나는 이틀 정도 더 있었는데 가장 가까운 정거장에서 거창까지 가는 차를 타기 위함이었다. 여름의 홍수로 무너진 다리들이 아직 다 재건되지 않았지만, 손님을 태운 채 차는 시냇물을 무사히 건넜다. 한 곳에서는 차에서 내려 징검다리로 건넜고, 한 곳에서는 남성의 등에 업혀 건넜다. 차가 겨우 건너는 모습에 우리는 걱정하였지만, 무사히 집까지 도착하였다. 총 50마일의 거리를 4시간 안에 온 것이다. 만약에 그 거리를 나귀로 왔다면 12시간 걸렸을 것이고, 가마를 탔다면 하루 반이 걸렸을 것이다. 차를 이용할 수 있다는 것에 감사하였다.

수요기도회에 참석하던 여성들이 우리를 환영하였다. 그리고 주일에 나는 여성들의 인사에 파묻히다시피 하였다. 특히 두 명의 할머니가 나를 반가워하였고, 나도 반가웠다. 이들에게 나는 한가지씩 질문하였는데 그들의 대답을 알아듣지는 못하였다. 그러나 그것이 우리의 기쁨을 막을 수 없었다. 주님을 알고 난 이후 이들은 더 사랑스러워졌고, 이들과 대화하고 가르치고 싶어졌다. 과거에 자신들을 옭매던 미신적인 습관에서 벗어난 모습이다.

에버리는 거창에 돌아온 후 시골교회 방문으로 떠나 있다. 두 곳은 배우기 원하는 총명한 여성들이 있는 교회이고, 한 곳은 몹시 약한 교회이다. 이 교회에는 5명의 교인이 주일에 모이는데 모두 한글을 모른다. 그들은 모여 함께 기도만 한다고 한다. 그렇다고 우리가 매 주일 인도자를 보내기에는 너무 먼 곳이다. 그곳의 가까운 교회가 도와줄 수 있기를 기도할 뿐이다.

이번 주부터 나는 여학교에서 일하기 시작하였다. 공의회에서 나에게 할당한 역할이다. 나는 노래와 체육을 가르치기 원하지만, 현재로서는 작은 도움만 될 뿐이다. 켈리 부인이 매일 성경 과목을 가르치고 있다. 현재 학교에는 21명의 학생이 있지만, 곧 다시 학생 수가 증가할 것이다. 우리가 새 건물을 완공하면 그곳은 교회당도 되고 학교도 될 것이다. 한국인 교사가 두 명이 있는데 그중 한 명은 이번 학기에 부임하였다. 그녀는 부산진의 성경학원 졸업생으로 아직 젊고 경험은 없지만, 장래가 촉망된다.

1916년 10월 5일. 거창에서.
[더 크로니클, 1917년 1월 1일, 3]

8. 여성성경반

지난번 편지를 보낸 이후 우리는 거창에서 큰 주목을 받았다. 먼저 두 명의 아기가 태어났다. 미국선교사가 하는 말대로 '두 명의 새 선교사가 현장에 도착한 것'이다. 데이비드 켈리와 잭 토마스이다. 한국인들은 이들에게 큰 관심을 보였고, 기회 있을 때마다 아기를 보며 이쁘다는 등 어쩌고저쩌고하였다. 이 아이들이 장차 이곳 사람 중에 복음의 증거가 되기 바란다. 한국인들은 호주 목사들이 아들을 얻어 큰 복을 받았다고 생각한다. 둘 중의 하나가 딸이었다면 딸도 환영받고 사랑한다는 것을 이곳 사람들에게 보여줄 수 있었을 것이다. 어쨌든 아기와 엄마가 모두 건강하여 우리는 기쁘다.

나에게 개인적으로 중요했던 것은 1학년 시험이었다. 이 땅에서는 인내할 일이 많다. 시험 결과를 기다리는 것도 그중 하나이다. 채점자는 매우 바쁜 사람들이고, 어떤 학생은 6개월, 심지어는 9개월까지 기다렸다고 한다. 결과를 기다리는 동안 우리는 새 책으로 공부를 시작하였다. 지금은 언어공부를 제대로 하고 있다.

연례 여성성경반은 3월 1일부터 7일까지 열렸다. 이때 에버리는 새 선교사와 그녀의 모친을 돌보는 책임을 맡아 나에게 좀 더 많은 일이 주어졌다. 내가 계획했던 것보다 더 자주 성경반에 참석해야 하였다. 에버리는 사실 이번 성경반 준비를 주도하였고, 바쁜 중에도 매일 잠깐씩 성경반을 들여다보았다. 켈리 부인은 오후에 책임을 맡아 나왔다.

찬송과목만 제외하고는 모두 한국인 교사가 가르쳤다. 한국인 목사, 그의 며느리, 그리고 북쪽의 자매교회에서 훈련받은 2명의 전도부인이다. 최근 진주로 온 신부 진실이도 도왔고, 두 명의 학교 교사와 교회 지도자까지 모두 달라붙어 가르쳤다. 다른 선교부에 비하면 적은 숫자이지만 평균 45명의 여성이 참여하였다.

우리는 설립된 지 얼마 안 되는 선교부이고, 선교부에 속한 교회도 많지 않은 것을 생각하면 긍정적인 일이다. 3학년 반에는 많은 학생이 등록하였는바, 26명의 여성이 여성반 시작부터 지금까지 공부하고 있다. 이들은 이제 성경 기초와 지식을 가지고 있다. 한국인에게 시간 약속 지키는 것을 가르치기가 매우 어렵다. 이곳 여성들은 아침 경건회 시간에 맞추어 나오기 어려워하지만, 10명 정도만 모이면 찬송을 부르기 시작한다. 그러면 주변에 있던 여성들이 그 소리를 듣고 모인다. 김 부인이 찬송을 마치고 가르치기 시작할 때쯤이면 학생들은 모두 와 앉는다. 한국인들이 말을 시작하면 멈추게 하기 어렵다. 정확한 시간에 마치는 훈련도 중요하다. 여성들은 열심히 공부하며 배우는 것에 관심을 보인다. 또한, 쉬는 시간 그들의 활발한 모습을 보는 것도 즐거운 일이다.

저녁 모임에는 성경반에 참석하지 못한 교회 여성들도 함께하였다. 이때는 찬송도 배우고 기도회도 하는데 전도부인이 마지막 날 간증 시간을 갖자고 제안하였다. 그녀는 30분 정도면 된다고 하여 어린이 순서 전에 진행하였다. 여성들은 고백이나 간단한 간증을 하다가 감사한 이유에 대해서도 말하기 시작하였다. 전도부인의 설교까지 합해져 모두 1시간 반 넘게 진행되었다. 나는 어린이들을 위하여 그것을 중지시킬 수밖에 없었다. 어린이들은 노래와 암송을 준비하였고, 무사히 잘 마쳤다.

에버리는 현재 전도부인과 시골에 있다. 이들은 세례 예비자들을 위하여 소요리문답을 가르친다. 켈리 부인은 우리 지역의 여성들을 위하여 또 다른 반을 시작하였다.

(더 크로니클, 1917년 6월 1일, 4-5)

9. 두 명의 아내

우리 학교 등록을 위하여 일본 당국과 서류를 주고받고 있다. 정식으로 건물 건축 허가가 나기까지 몇 달이 더 소요될지 모른다. 동시에 비슷한 숫자의 학생들이 계속 공부하고 있다. 정부 학교의 비기독교인 학생들이 우리 학교를 오기도 하고 우리 학생 중에 정부 학교로 전학 가기도 한다. 그러나 교회의 여학생들은 한결같다.

현재 한 가지 문제가 있다. 나의 언어 교사는 두 명의 아내가 있다. 두 번째 아내는 집을 나가 술집을 차리는 등 신앙을 포기하였지만, 딸은 아빠와 함께 있었다. 딸은 15살에 예쁘고 총명하여 교회나 학교에서 모범인데 아빠에게 통제를 받는다고 생각하여 엄마에게로 갔다. 그 후 학교에도 교회에도 나오지 않았다. 부친은 딸을 찾아 심하게 꾸짖었고, 그녀는 도망갔다. 집에서 15마일 떨어진 곳에서 그녀를 잡아 다시 집으로 데려왔다. 부친은 그녀를 집에 가두고 바느질 등을 가르쳐 시집보내기 원하였다. 학교에 보내면 다시 도망쳐 엄마에게로 갈 것이기에 그는 나에게 어찌하면 좋겠냐고 물었다. 나는 그 총명한 학생을 잃는 것이 슬펐지만, 집이 안전하면 그렇게 하라고 대답하였다.

이것은 이곳의 어려움 중 하나일 뿐이다. 지혜와 인도하심이 필요하다. 예수를 믿은 후 과거의 죗값을 치르는 사람들이다. 우리도 이들도 여러분의 기도가 필요하다. 주님의 뜻대로 실행할 수 있도록 말이다.

(더 크로니클, 1917년 6월 1일, 5)

10. 여학교 졸업식

지난 두 달 동안 이곳에 변화가 있었다. 여름방학 바로 전 주간은 매우 분주하였다. 방학식을 준비하기 위하여 여러 일이 필요하였다. 특히 우수학생들을 위한 상품을 사는 일이 중요하였다. 상급반 학생들을 위해서는 옷감을 샀고, 머리 리본, 책보자기 그리고 벼루도 샀다. 하급반 학생들을 위해서는 성경책과 찬송가를 준비하였고, 상을 못 받는 학생들을 위해서는 공책과 연필을 준비하였다. 등급에 맞게 세심히 선물을 준비하였고, 이것은 고향의 여러분이 후원한 돈으로 할 수 있었다.

발표회에도 많은 부모와 친구가 참석하였다. 이들은 찬송과 율동 그리고 성경 암송에 귀를 기울였다. 한국인 목사의 설교도 잘 들었다. 그는 부모들에게 그들의 딸이 이런 학교에 다니며 배울 수 있어 얼마나 큰 특권인지 강조하였다.

방학 동안에 우리의 젊은 교사 김은애가 결혼하였다. 그녀는 교인과 학생들 그리고 나에게 사랑을 받았다. 우리는 그녀가 학교에서 오래 일하기 원하였지만 아쉽게도 떠나게 된 것이다. 다행인 것은 그녀가 기독교인과 결혼하였다는 것이다. 그녀의 행복을 빈다. 이제 우리에게는 교사 한 명만 있지만, 곧 한 명 더 채용할 것이다. 이번 학기도 작년 이맘때와 비슷한 학생이 등록하였다. 그러나 안 믿는 가정의 학생들 수가 늘어났다. '그 어린 학생들이 가정을 인도하기를' 희망한다.

여름방학 동안 원산에서의 언어공부를 마치고, 나는 부산진에서 3주를 지냈다. 이때 처음으로 나는 말하기 시험을 보았다. 다행히도 합격하였고, 몇 달 전 치른 쓰기 시험도 합격하여 그동안의 고생을 보상받았다. 부산진에서 즐겁게 지냈지만 떠날 때는 외로움을 느꼈다. 그러나 나의 일이 기다리고 있기에 그것이 우선이다. 거창에서 말을 한 마리 보내주었다. 다른 수단이 없기 때문이다. 말을 타고 가는 길도 모험적이고 때로 신경이 곤두섰지만, 안전하게 집에 도착하였다….

9월 6일. 거창.
〔더 크로니클, 1917년 11월 1일, 3-4〕

11. 2학년 시험

스코트 양은 2학년 언어 시험에 합격하였고, 순회와 강의를 시작하였다.

〔여선교연합회 회의록, 1918년 3월 19일, 총회 회관〕

12. 칠원에서의 성경반

'시간은 물같이 흐른다'라는 한국 속담같이 지난 10월 내가 마산으로 온 후 새해가 지났다. '더 크로니클' 독자에게 늦었지만 먼저 새해 인사를 드린다. 지금은 연례 성경공부반 기간이다. 마산포 지역의 성경반이 크게 성장하여 올해는 두 반으로 나뉘었다. 동쪽과 서쪽에서 각각 열리고, 더 나아가 교회의 한국인 목사는 본인 지역 여성들을 위하여 따로 성경반을 개최할 계획이다. 그는 현재 전체 한국교회 총회장이다. 시골의 여성 중에 그의 성경반에 참석하기 원하는 여성도 있을 것이다.

성경반을 분리함으로 우리는 가능한 많은 여성을 만나 좋은 결과를 얻기 원하였다. 그러나 마산포의 분위기는 그리 좋지 못하다. 바다가 있는 항구 도시는 시골 여성들이 공부에 집중하기에 방해와 유혹의 요소가 많았다. 그들이 성경을 배워 집로 돌아가 전도를 해야 하는데 도시에서의 큰 공부 모임은 그 목적을 제대로 이루기 어렵다.

우리의 첫 번째 성경반은 여기에서 10마일 정도 떨어진 칠원에서 열렸다. 매크레이 목사가 마침 그곳에서 남자 성경반을 인도하고 있어서 우리는 그와 그의 조사 두 명의 도움을 받을 수 있었다. 아침 경건회와 저녁 예배를 매크레이가 맡았다. 여성 교사로는 우리 지역 두 명의 전도부인, 부산진 성경반에서 공부한 한 여성 그리고 스키너가 합류하였다. 우리는 네 개 반을 서로 돌아가며 강의하였다. 공부는 다른 때보다 더 엄격하게 진행되었으며, 90명의 학생 중에 72명이 마지막에 수료증을 받았다. 수료증을 받은 학생들은 최소 80% 출석을 한 여성들이다.

　매일 공부가 마치면 상급반 여성들은 칠원이나 주변 마을의 집을 방문하며 전도하거나 설교하였다. 한 전도부인은 교회에 초청을 받아 어느 가정에서 전도하는데 먼저는 '예수 불신, 지옥 형벌'을 말하였고, 그다음은 '질병 고침, 천국 기쁨'을 간증하였다. 그녀는 꿈 이야기까지 하며 재미있게 전도하였지만, 그 가족원들은 교회에 나오라는 초청에 온갖 핑계를 대며 대답을 피하였다….

　한 교인 여성이 자신의 마을에 와 전도해달라는 요청을 하였다. 우리는 제법 먼 그 마을까지 갔다. 함께 간 전도부인이 마을의 여성들에게 말하였다. "두 명의 외국인이 왔으니 와서 구경하시오." 그뿐만 아니라 그녀는 집집의 마당에 들어서 '구경거리가 생겼으니 나와 보시오' 소리치며 다녔다. 마침내 한 집의 마당에 30명 정도 되는 여성과 소녀들이 모였다.

　우리는 먼저 찬송가를 불렀고, 전도부인은 스키너와 나를 가리키며 말하였다. "어때요. 구경할 만하지요?" 스키너와 나는 동물원의 무슨 구경거리 같은 느낌이 들었지만, 전도부인의 전도는 잘 받아들여지는 것 같았다. 전도부인은 저녁에 있을 예배에도 구경꾼들을 초청하였다. 그리고 그때는 부인뿐만 아니라 외국인 남성도 구경할 수 있을 것이라 하였다. 우리는 전도지를 나누어주었고, 이렇게 뿌려진 씨앗이 잘 자라나기를 기도하였다.

　성경반을 마치면서 나이 든 학생 중 한 명이 다음과 같이 인사를 하였다. "이 땅에서 다시 만나지 못하면 우리 천당에서 만납시다."

　우리 선교부에 라이얼 부부가 부임하여 모두 기뻐하고 있고, 동시에 맥피와 네피어에 관한 이야기도 많이 한다. 맥피가 돌아 오지 못하는 것에 슬퍼하고, 네피어가 아프다는 소식에 염려한다.

1918년 2월 8일. 마산포에서.
[더 크로니클, 1918년 5월 1일, 3-4]

13. 마산선교부의 변화

한 해의 사역이 모두 마쳐간다. 우리 공의회가 매년 7월과 8월에 열리는 것을 고려하면 이때 할 수 있는 다른 일이 많지 않다. 동시에 이 시기는 매우 더울 때이다. 지난주일 한국인 목사는 더위와 관련하여 광고하였다. 우리는 예배 시간을 짧게 줄인다는 소식을 기대하였는데 아니었다. 교인들에게 목욕을 자주 하고 깨끗한 옷을 입으며, 위생에 주의하라는 권면이었다. 또한, 아무리 더워도 옷을 제대로 입고 교회에 오라고 하였다! 그의 주일 설교는 아침저녁으로 각각 50분씩 진행되며, 저녁 예배는 10시 전에 마치지 않는다.

지난번 편지를 쓴 이후 우리 선교부에 많은 변화가 있었다. 라이얼 부부를 다시 환영하였고, 매크레이 부부와 아이들을 환송하였다. 선교부에는 다시 남성 한 명만 남았다. 여학교에는 한 명만 제외하고 나머지 교사들은 떠났으니 다섯 명이 새 교사인 셈이다. 세 명의 한국인 여교사 중 한 명은 우리 학교, 한 명은 부산진학교 그리고 나머지 한 명은 서울의 장로교 여학교 출신이다. 또한, 기숙사에도 새 사감이 부임하였다.

학교 교사와 기숙사 여학생들은 매일 기도회로 모인다. 이것은 매일 아침과 저녁 정기적으로 하는 가족 예배에 더한 것이다. 기도회는 우리도 모르게 시작되었는데 스키너는 우리 학교의 영성이 성장하는 징표라고 하였다. 두 번째 전도부인이 우리 성경학원 과정을 모두 마쳤기에 이제 우리에게는 성경학교를 졸업한 전도부인이 두 명이다. 시골교회의 한 여성도 그 과정을 마쳤기에 그 지역에서 좋은 활동을 하기를 기대한다. 시골 남성 중에 여성이 공부하는 것을 반대하기에 졸업한 전도부인의 역할은 그만큼 더 중요하다.

나는 독감에 걸려 순회 전도를 늦게 시작하였고, 전도부인의 집에도 병이 돌아 일이 천천히 진행되고 있다. 이 지역 순회전도 필요와 비교하면 일은 더디고, 순회를 다니면서 무엇이 필요한지 배우고 있다. 가는 곳마다 왜 이리 늦게 왔냐고 하거나 좀 더 자주 와 달라고 한다. 네피어가 복귀하면 일이 더 효과적으로 진행될 것이다. 이 지역 교회들을 일 년에 최소한 두 번씩 방문하기 희망한다.

어린이들도 만나서 가르치기 원한다. 한 마을에서 특히 어린이가 많이 따라와 그곳 여성들에게 어린이 모임을 조직해 찬송과 성경 이야기를 가르쳐보라고 권면하였다. 그때 밖에서 한 남성의 소리치는 목소리가 들렸다. "우리는 아이들이 교회에 오는 것을 원치 않습니다. 너무 시끄러워요. 어른들이 와야 교회가 튼튼하게 성장합니다."

다른 마을에서 나는 어린이들에게 찬송을 가르치고 있었다. 그때 교회 지도자가 말하였다. "아이들에게는 가르치지 마세요. 부인들에게 가르쳐 주세요." 나는 대답하기를 그들도 와서 배울 수 있다고 하였고, 여성들을 위한 공부는 저녁에 있다고 하였다. 심지어는 전도부인까지 어린이들을 내보내고 여성들이 더 들어 올 수 있게 하자고 제안하였다….

전도부인은 계속하여 나의 외모를 이용하여 여성들을 모으고 전도의 기회로 삼는다. 그런데 지난번에는 좀 다른 이야기를 하였다. 외국 여성을 구경하러 오라고 여성들을 모아놓고 나를 가리키며 다음과 같이 말하였다. "외국 부인을 구경하는 것만으로 지옥 불에서 나올 수 없습니다." 어떤 때는 이런 말이 모욕적으로 느껴지는 것이 사실이다. 그런데도 나로 인하여 여성들이 모여 복음을 들을 수 있다면 좋은 일이다. 나에게 육신의 건강함을 주시고 이런 방법으로도 사용하신다면 하나님께 감사하다.

7월 9일. 마산포에서.
(더 크로니클, 1918년 9월 2일, 4-5)

14. 성탄 케이크

지난 8월 스코트는 새 난로를 거창 집에 들였다. 12월 15일 그녀는 해밀톤 여사에게 다음과 같이 편지를 썼다.

"오늘 나는 성탄 케이크를 구웠습니다. 그리고 케이크 위에 아이싱을 하였습니다. 침대에 오르기 전에 나는 스토브가 훌륭하게 작동하고 있음을 부인에게 쓰고 있습니다. 다진 고기 타르트, 스펀지 롤, 딸기 쇼트케이크 그리고 파운드 케이크입니다. 스토브에 넣은 케이크가 정한 시간에 완성되어 나오는 모습에 나는 매우 기쁩니다."

(더 크로니클, 1919년 3월 1일, 3)

15. 다시 거창으로

　내가 2년 전 거창을 떠날 때 이곳에 다시 돌아와 일할 것으로 생각하지 않았다. 그러나 여러 가지 일이 있었고, 이곳에 돌아온 지 이제 5주 되었다. 이곳에는 여성과 학생 중에 아는 얼굴이 여전히 많다. 예전에는 이들의 이름을 기억하기 어려웠지만, 지금은 좀 더 수월하다.

　먼저 학교에 교사를 구하지 못하고 있었는데 지금은 두 명이 있다. 학교는 현재 순조롭게 운영되고 있고, 교사들도 이곳 교회 생활에 적응하고 있다. 여전도회 회장에 토마스 부인이 사임하였고, 대신 내가 선출되었다. 그리고 교사들은 부회장과 서기가 되었다. 오늘 여전도회로 모였는데 안건 토론과 결정이 동의와 제청을 거쳐 진행되었다. 과거에 본 것과는 달리 많이 발전되어 있다.

　부산진 지역에서 온 전도부인이 있어 우리에게 다행이다. 지난번 교회의 한 여성과 순회 방문을 나갔는데 그 여성은 전도를 잘하지 못하였다. 그래서 순회 나가는 것을 보류하고 전도부인이 일을 시작하기를 기다리고 있다. 우리 학교 졸업생 중 한 명이 한 마을에서 어린이 주일학교를 운영하고 있다. 그녀의 신실한 사역과 다른 여성들을 인도하는 모습에 격려를 받았다. 대부분 시골의 교회에는 어린이를 위한 주일학교가 없고, 있어도 어떻게 운영하는지 모른다.

　한번은 시골교회의 예배에 참석하였다 한 나이 든 여성이 나의 손을 잡고 사랑스러운 눈으로 나를 쳐다보았다. 그리곤 망설이다가 간곡하게 말하였다. "부인, 나에게 딸이 셋 있는데 그중 한 명을 양딸로 삼지 않으시겠습니까?" 그녀뿐만 아니라 옆에 있던 다른 여성들도 나의 대답을 기다렸다. 나는 그럴 수 없다고 대답하였고, 다른 여성들은 안심하는 눈치였다. 그녀는 왜 안 되느냐고 물었고 나는 대답하였다. "하나님이 어머니에게 준 책임을 왜 나에게 미룹니까." 사랑스럽게 나는 보던 그녀의 눈이 그때 거두어졌다.

그곳에서 나는 18살 되는 여성을 방문하였다. 그녀는 사군교회에 다녔다고 한다. 그녀는 공부하기 원하였고, 거창 성경반에도 두 번 참석하였다. 그녀의 부모가 사망하자 삼촌은 그녀를 믿지 않은 남성과 결혼을 시켰다. 시어머니와 남편은 그녀가 교회 나가는 것을 핍박하였고, 그녀는 한동안 정신적으로 방황하였다. 시어머니는 무당까지 불러 그녀를 위하여 굿을 하였다. 그녀는 매우 슬퍼 보였고, 교회가 그립다고 하였다. 또한, 나와 대화하는 동안 다른 방에 있는 남편의 눈치를 계속 보았다. 남편이 그녀를 계속 막는 한 그녀의 정신병 증세는 계속될 것이다.

우리는 우리의 오래된 친구 부부도 그 마을에서 만났다. 이들은 예전에 거창에 살았는데 남편은 이 지역 조사이고, 아내 홍이는 미우라학교 출신이다. 아내는 매우 아팠고, 여전히 연약해 보였다. 남편이 말하기를 한번은 아내가 곧 죽을 것 같은 모습이었다고 한다. 그때 그녀는 더욱 사랑하고 도우라는 음성을 들었고, 그 후 좀 나아졌다고 한다. 홍이는 우리의 방문이 늦어져 화가 나기 시작하였다고 하였다….

10월 7일. 거창에서.
(더 크로니클, 1919년 12월 1일, 3-4)

16. 호주에서의 휴가

스코트 양은 휴가 동안 자신을 환영해 준 많은 교회와 따뜻한 편지를 보내준 회원들에게 감사함을 전한다고 하였다. 그녀는 지지와 후원에 매우 감사하며, 일일이 다 답장하기는 불가능하다고 하였다.

(더 크로니클, 1921년 9월 1일, 2)

17. 묵실 지역 방문

휴가를 마치고 거창에 돌아온 지 이제 10주가 되었다. '더 크로니클' 독자에게 편지를 쓰고자 하는 마음이 항상 있지만, 상황이 여의치 못하였다. 거창의 소식이 궁금하리라 생각된다. 그동안 나는 시골 순회를 하였는데 실망도 있었고, 기쁨도 있었다. 교인들이 다시 나를 그들의 삶에 받아주고 환영해 주어 기뻤다.

"다시 돌아와 반갑습니다. 부인은 이제 한국 사람 같아요. 다만 우리의 음식을 더 잘 먹었으면 좋겠어요. 그러면 정말 우리와 같아질 거예요."

그러나 나의 책임 의식은 그렇게까지는 아니라고 생각한다. 우리 지역에 두 명의 새 전도부인 있고, 그들과 같이 일하면서 한국의 습관도 새롭게 배우고 있다. 우리가 가르친 두 명의 여성과 함께 길을 가는데 전도부인이 말하였다. "가뭄이 들 때 논바닥으로 나가 하늘을 향하여 하나님께 비를 달라고 기도해야 합니다." 함께 가던 한 여성도 동의하였다. "우리의 기도를 듣고 하나님이 비를 주시면 그분께 감사해야지 조상님께 감사하면 되겠습니까?"

같은 전도부인과 우리는 믿는 가정이 있다는 한 마을을 찾았다. 우리는 지나가는 사람들에게 길을 물어 묵실에 다다랐다. 그리고 마을 입구에 있는 한 무리의 남성들에게 '예수 믿는 집'이 어디인지 물었지만, 그들은 모른다고 하였다. 우리는 마을의 호수에서 채소를 씻는 여성들에게 같은 질문을 하였다. 그들도 모른다는 답이었다. 그 가정이 이곳에 이사 온 지 얼마 안 되어 아직 빛을 감추고 있으리라 우리는 생각하였다. 그래서 우리는 최근에 이사한 집을 찾았고, 특히 상투가 없는 남성(기독교 남성들은 보통 상투를 자른다)을 찾았다. 그런데도 별 결과가 없었다.

우리는 포기하고 마을을 떠나려 하는데 한 남성이 말하였다. "저 언덕을 돌아 계곡 근처 마을로 가면 예수 믿는 가정이 있습니다." 그곳으로 가는 길에 한 무리의 여성이 무엇 때문에 우리가 왔는지 그리고 내가 남성인지 여성인지 물었다. 그리고는 언덕 위의 한 집을 가리켰다. 그곳에 다다르자 마당의 두 여성은 '예수쟁이'를 모른다고 하였는데, 한 노인 남성이 우리에게 흥미를 보였다. 그는 먼 나라에서 온 나를 그냥 보낼 수 없다면서 밥을 먹고 가라고 하였다. 우리는 그의 초청을 받아들였다. 그는 자신은 늙은이라고 하면서 나를 한번 만져 봐도 되느냐고 물었다. 그가 나의 손을 잠시 만지며 감동하자 전도부인은 그 기회를 놓치지 않았다. 먼 나라에서 하나님의 사랑을 전하러 왔다고 전도하였다.

그때 가족 모두가 방으로 들어왔다. 20살 정도 돼 보이는 아들은 예전에 성경책과 주일학교 책을 보았다고 하였다. 그러자 노모는 자기 아들은 때로 이웃 마을 교회에 간다고 말하였다. 전도부인이 그 아들에게 다음에는 형과 같이 가라고 하자 모두 웃었다. 형이 아니라 부친이었기 때문이다. 그 집의 노인은 우리가 찾는 마을은 묵실 지역의 오복골이라 하였다…. 돌아오는 길에 전도부인은 우리가 비록 길은 잃었지만, 결과는 나쁘지 않았다고 하였다.

12월 28일. 거창에서.
(더 크로니클, 1922년 3월 1일, 4-5)

18. 학교 등록

1월 10일 스코트 양으로부터 온 편지: 그녀는 학교를 '특정한 과목을 위한 가르치는 장소(a teaching place for certain subjects)'로 등록하도록 명령받았다고 한다. 일본 정부는 많은 서류를 요구하고 있고, 그녀가 제출한 신청서는 몇 번 반려되었는데 여러 번의 수정이 필요하다고 한다.

(여선교연합회 회의록, 1922년 1월 20일)

19. 삶의 비극과 희극

거창에 곧 추수의 계절이 올 것이다. 벼는 익어가지만, 과일들은 아직 파랗고 덜 익었다. 지난 4월 우리 교회에 9명이 세례를 받았다. 그리고 세례문답자 35명이 들어 왔다. 덜 익은 과일처럼 아직 배울 것이 많은 교인이다. 많은 시험과 유혹이 이들에게 있으며, 박해는 없다지만 제사 절기가 돌아오면 가족들로부터 항상 어려움을 당한다.

전도부인과 나는 교회의 여성들을 방문하고 있다. 그들을 만나면서 세상 어디에나 있는 삶의 비극과 희극을 다 본다. 두 명의 자매 노인이 결혼한 딸 그리고 손녀 한 명과 살고 있는데 집 안에 남성이 없음을 아쉬워하였다. 자매는 교회를 한동안 다니다가 뜸해졌는데 다시 나오고 싶다고 하여 우리가 방문하였다. 딸과 함께 교회에 나오라고 말하자 그들은 다음과 같이 대답하였다. "아니요. 딸은 집을 봐야지요."

또 다른 할머니는 열심히 교회에 출석하고 있다. 그녀는 며느리도 교회에 나올 수 있게 도와달라고 우리에게 부탁하였다. 그러면서 며느리가 교회에 다니면 자신은 집안에 남아야 할지 염려하였다. 또 다른 경우는 더 절망적이다. 한 믿지 않는 여성의 세 아들과 딸이 사망하였다. 그 후 그녀는 자신이 믿던 우상단지를 집어 던지고 석 달 전부터 교회에 나오기 시작하였다. 그녀의 남편은 술주정뱅이인데 교회에 안 나온다. 그녀는 호소하였다. "나는 무식합니다. 까막눈이고, 귀도 잘 안 들리고, 가족도 없습니다. 내가 살아있다고 할 수 있을까요?" 전도부인은 그녀에게 기도하는 방법을 가르쳤고, 그 후 그녀는 조금씩

밝아지는 것 같았다.

반대로 거의 소경인 한 젊은 여성이 있다. 그녀는 주일학교에 열심히 출석하였고, 얼굴도 빛나 보였다. 하루는 그녀가 진주의 병원에 편지를 써 달라고 하였다. 그리고 70마일이나 떨어진 그 병원에 걸어서 가겠다고 하였다. 우리는 그녀에게 남편이 도와주지 않냐고 물었다. "남편이 있지만 없는 것과 마찬가지입니다. 그리고 자녀도 세 명 있지만 지금 없습니다." 그녀의 대답이었다. 우리는 다른 여성을 통하여 그녀의 인생사를 들을 수 있었다.

이 여성이 5년 전 눈이 잘 안 보이게 되자 남편은 쓸모없게 되었다고 그녀를 친정으로 쫓아 보냈다. 그리고 친정도 돌아온 딸을 수치스럽게 여겼다. 그녀는 근처 산에 살게 되었고, 그곳에서 아기를 낳았다. 아기는 곧 죽었고 혼자 그를 그 산에 묻었다. 그녀를 불쌍히 여긴 오빠가 거창의 한 한의사에게 그녀를 데리고 갔다. 그러나 치료비용에 부담을 느낀 그는 그대로 떠났다. 다행히 의사가 그녀를 2년 동안이나 무료로 치료해주었다. 그녀는 이곳저곳에서 도움을 받으며 일하며 살다가 일 년 전부터 교회에 나오기 시작하였다. 그리고 얼마 전에는 세례문답반에도 들어왔다. 그녀는 진주의 병원으로 갈 생각에 얼굴은 희망에 차 있었다.

우리는 그녀가 차를 타고 진주까지 가도록 도왔고, 약간의 돈도 주었다. 그녀의 눈에서는 감사의 눈물이 흘렀다. 전도부인은 그녀가 불쌍하다고 하였지만 나는 대답하였다. "한편으론 그렇지만 다른 한편으로는 기독교인의 기쁨이 그녀의 얼굴에 있으므로 행복합니다." 눈이 완치되지 않더라도 그녀는 신앙의 기쁨을 가지고 살 것이라는 확신이 내게 있다. 그녀는 이제 25살이다.

토마스 가족을 송별하는 것은 슬픈 일이었다. 우리는 그들을 매우 그리워할 것이다. 언덕 위의 그의 집은 비어있고, 교회에 그들의 자리도 공석이다. 그 빈자리는 이곳 사람 중에서 밤낮으로 일하던 그 부부의 노력을 말해주고 있다. 이런 이별을 통하여 한국인들은 호주라는 나라와의 거리를 좀 더 실감한다. 호주에 그들이 도착했느냐고 계속 묻는다. 배가 이제 겨우 일본을 떠났을 텐데 말이다! 이곳에 새 일꾼을 보내주시기를 기도한다. 주님을 위하여 추수할 일꾼 말이다.

6월 10일, 거창.
[더 크로니클, 1922년 9월 1일, 3-4]

20. 거창교회 목사 부임

'다음번에는 독자들에게 꼭 편지를 써야지' 생각했지만, 막상 마감날이 지났어도 여전히 편지를 쓰지 못하였다. 올해처럼 이렇게 한 해가 빨리 지나는 해를 보지 못하였다. 거창에 있는 우리를 위하여 기도하는 여러분이 있다는 것을 알고 있다. 그리고 이곳의 선교 활동을 위하여 모금하는 여러분께도 감사하다. 올해는 특히 이곳의 한국인들과 더 가까워진 시기였다는 것을 여러분이 알았으면 좋겠다. 또한, 뿌려진 씨앗이 싹을 틔우는 한 해였다. 그러므로 여러분이 염려하는 이곳에서의 '외로움'보다 우리의 존재감이 더 커졌다고 할 수 있다.

한동안 거창교회에는 한국인 목사가 없었다. 재정이 부족하기 때문이다. 예전의 목사[3]에게는 한 달에 20엔을 주었었다. 그런데 어려

---

3) 거창교회의 첫 한국인 이재풍 목사

운 시절이 다가오고, 목사의 봉급을 두 배 이상으로 올려야 하자 교회는 망설이면서 그의 사직서를 받았다. 당시에는 부근의 한 교회가 그의 봉급에 일조하고 있었다.

지금은 거창교회가 단독으로 목사[4]에게 60엔(6파운드)를 지급하고 있다. 액수에 대하여 여러 토론이 있었지만, 교회는 목사가 필요한지 그것만 먼저 투표에 부쳤다. 결과가 긍정적으로 나오자 교회의 지도자들은 먼저 매달 헌금을 약속하였고, 교인들도 따라서 남녀 어린이까지 작정 헌금하였다. 목표한 액수에 다다르자 교회는 목사를 청빙하였고 곧 부임하였다.

그는 작년에 졸업하였고, 마산 지역에서 조사로 일하였었다. 성실하고, 열정적이고, 설교를 잘하고, 심방에도 부지런하다. 가장 큰 장점은 교인들을 잘 조직하여 일하게 한다는 것이다. 그는 일주일에 세 번 저녁 성경공부를 인도하는데 전도 인원을 훈련하기 위함이다. 주중의 기도회와 토요일의 교사 준비반도 인도한다.

최근 교회는 새 신자를 위한 친교 모임을 열었다. 백 명 이상이 참석하였는데 이들은 교회 나온 지 세 달 혹은 세 주 혹은 사흘 된 교인들도 있다. 대부분 교회에는 등록하였어도 세례문답반에는 들어오지 않고 있다. 우리는 이 행사에 참석하지 못하였는데 클라크가 장기간의 순회 전도에서 돌아온 날이었다. 그리고 나는 그다음 날 순회 전도를 떠나야 하였다. 이날 모임이 매우 성공적이었다고 한국인 목사가 말해주었다.

딕슨이 거창에 온 직후 남성성경반이 열렸다. 그때 하루 저녁을 내어 그녀를 환영하는 시간을 가졌다. 거창과 시골교회의 대표들이 환영사를 하였고, 그녀에게 멋진 놋그릇을 선물하였다. 선교사들에게

---

[4] 김길창 목사로 1923년 부임하여 1926년까지 목회하였다.

잘 대해주지 않으면 그들이 떠날 것이라는 두려움이 교인들에게 있지만, 우리는 우리의 사역을 알아주는 이들이 고맙다.

이달 초, 교회에서는 운동회가 열렸다. 잘 조직된 운동회에 즐거운 경기가 펼쳐졌다. 그중 하나는 야학교 여학생들의 달리기였다. 이들은 특정한 지점까지 뛰어가 등불을 켜 들고 꺼지지 않게 결승선까지 달려오는 종목이다. 등불이 꺼지면 다시 그 지점으로 달려가 불을 붙여 뛰어와야 한다. 남학생들의 달리기는 짝을 이루어 한 명은 눈을 가리고 다른 한 명은 그를 인도하여 결승선까지 오는 종목이었다. 운동회에는 오륙 백 명이 참여하였는데 누구도 술을 마시거나 싸움을 하지 않았다. 이것이 믿지 않는 사람들에게는 놀랄 모습이었다.

4월에 학교에는 새 학생들이 오고 갔다. 학교에 정원이 있지만, 올해 약간 더 들어왔다. 조금 늦게 온 학생들의 이유가 분명하였기 때문이다. 유치원과 합하여 전체 학생 수가 백 명이 넘는다. 비록 일본 정부가 우리 학교를 아직 인정하지 않고 있지만, 다른 학교와 마찬가지로 우리 학생들도 4학년까지 좋은 교육을 받고 있다. 우리에게는 교생도 있는데 유희[5]라고 전에 나의 언어 교사였다.

이 편지가 여러분에게 도착하기 전 공의회는 거창선교부를 지속할 것인지 의논할 것이다. 어떤 결정이 나던지 거창을 위하여 기도해 달라. 이 지역의 교회들이 부흥되고, 새 교회가 더 많이 생기도록 말이다.

3월 16일. 거창.
[더 크로니클, 1923년 7월 2일, 3-4]

---

5) 이유희는 교회 반주자이기도 하였다.

21. 거창선교부 존폐 위기

거창에 관한 지난 공의회 결정에 모두 놀랐을 것이다. 이곳에 선교부를 계속 지속한다는 결정이었다. 작년에 이어 기도의 힘을 경험하였다. 공의회 회원들 의견은 다양하였지만, 거창교회 목사의 호소는 매우 인상적이었다. 그는 선교부의 활동에 최대한 협조할 것이라고 약속하며 말하였다. "네. 분명히 어렵습니다. 그러나 어렵다고 주님이 우리에게 맡겨준 일을 포기하겠습니까?" 공의회 회원들 마음속에 성령이 역사하였다고 나는 믿는다.

작년에 클라크가 이곳에 자원하므로 나는 거창선교부가 계속될 것으로 믿었다. 그러나 모두 거창선교부는 폐쇄될 것이라고 하였다. "거창선교부를 닫고 거창의 여성 사역을 진주선교부가 맡도록 해요." 거창선교부가 존치된다면 누가 거창에 남을지 여러 가지 사정을 검토하고 공의회는 공식적으로 결정하였다. 결국, 나와 딕슨이 거창에 남아 활동을 이어가게 되었다.

거창의 어떤 여성들은 나에게 좋은 집 그리고 정원과 염소가 있어 질투한다. 우리 선교부의 집과 정원은 현재 최상의 모습이다. 다른 선교부는 아스파라거스와 딸기를 우리처럼 재배하지 못한다. 특히 딸기는 매우 우수한 종이다. 토마스가 잘 가꾸어 왔다. 또한, 꽃도 만발하고 있다. 특히 패랭이꽃이 자신을 뽐낸다. 작년에 해인사의 지인이 준 국화도 올가을에 멋진 모습을 드러낼 것이다.

7월 1일. 거창.
[더 크로니클, 1923년 10월 1일, 3]

22. 남학교의 중요성

지난 12월 여학교 학생들의 발표회가 있었다. 남학교 학생들도 도왔는데 그들의 수업료로 교사들 봉급을 줄 수 있다. 남학생들의 가정 대부분 교육을 중요하게 생각하지 않고 있었거나 아니면 정부 학교를 염두에 두고 있었다. 이들은 10살까지 학교에 다니지 않았는데 이제 우리 학교에 들어와 공부한다. 정부는 이 학생들을 받지 않기에 이 기회를 놓치지 않고 우리는 이들을 교육하고 있다. 40명의 남학생이 한 교실에서 공부하는데 여러분도 그 모습을 보면 이들에게 기독교 교육이 얼마나 중요한지 알게 될 것이다. 남학교가 여학교에게 도움을 청하는 반전이 일어난 것이다!

유치원 학생들은 짧은 연극 '세 마리 새끼고양이'를 하였고, 여학생들은 아담과 이브 이야기인 '인간의 타락'을 공연하였다. 또한 '만세 반석 열리니'를 노래하였는데 기독교인들에게 감동적이었다. 모두 잘하였다. 발표회는 놀랍게 재정적으로도 성공적이었다. 무료 관람에 익숙한 거창 사람들에게 표를 팔아야 할지 고민하였고, 입장권을 인쇄하고도 망설였다. 그러나 결국은 성공적이었다. 그런데도 준비위원장은 부족한 발표회에 입장권을 팔아 미안하다며 청중들에게 몇 번이나 사과하였다.

학교 발표회 후 성탄절 발표회는 조금 김이 빠졌다. 교사들도 나도 지쳐있었다. 그런데도 성탄절 이브 산타클로스가 등장하여 어린이들에게 선물을 나누어주었고, 성탄절 새벽에는 새벽 송이 있었다. 그리고 성탄절 예배에 교회당이 가득하게 교인들이 모여 예배를 드렸다. 저녁에는 남학생들의 발표회가 있었는데 많은 사람이 교회당에 들어가지 못하고 돌아가야 하였다.

　새해가 되어 남자성경학교가 시작되었다. 그리고 여자성경학교도 이어질 것이다. 딕슨은 일주일에 세 번 오후에 이곳의 환자들을 치료한다. 그녀의 언어 교사가 그 일을 돕고 있다. 사람들은 그녀가 있어 자신들의 아이가 안전하다는 느낌이 든다고 한다. 과거에 우리의 치료를 받은 경험이 있는 사람들은 서양 의술을 더 신뢰한다.

　우리는 계속 기도하고 있다. 지난번 공의회에서 누가 말했다. "거창의 선교관이 속히 채워지기를 기도합니다." 현재 사택이 두 개나 비어있다. 고향에서 누가 파송되어 오지 않으면 곧 세 개가 비게 될 것이다. 이것을 염두에 두고 있는가?

2월 7일. 거창.
〔더 크로니클, 1924년 5월 1일, 3〕

23. 유치원 운영

　거창을 떠나 부산진 성경학원에서 가르치기 전 나는 이 편지를 쓰려 하였다. 그러나 처리하지 못한 많은 일로 인하여 편지 쓰기는 뒤로 밀렸다. 부산진의 일은 나중에 쓰기로 하고 먼저 거창 소식을 전한다.

　지난번 성탄절 이후 거창의 많은 사람이 우리가 유치원을 운영하고 있다는 사실을 알았다. 그리고 유치원 아이들의 놀랍고 기특한 모습도 보았다. 우리는 교회에 속한 한 방에서 유치원을 6개월 동안 운영하여 왔다. 정원으로 인하여 자신의 아이를 입학시키지 못하는 부모들의 실망은 적지 않다. 과거에는 우리 교회의 아이들을 먼저 받고 외부에서 몇 명의 가난한 아이들을 받았다. 그러나 지금은 부모들이 말한다. "우리 아이를 받아주세요. 학비를 내겠습니다."

우리는 기존의 나이가 찬 유치원 학생들을 올려보내고, 새 학생들을 모집하였다. 등록일이 되기도 전에 부모들이 찾아와 돈부터 내려고 하였다. 나는 한 젊은 엄마에게 등록일에 와 신청하라고 하였다. 여성은 대답하였다. "안됩니다. 지금 이 돈을 내지 않으면 다른 곳에 써 그날 등록금으로 낼 수 없을 겁니다." 등록금은 50센으로 1실링 정도인데 이 여성에게는 큰돈이다. 지금 거창에서 엄마, 아빠, 할머니, 혹은 할아버지가 아이들을 유치원에 데려오는 모습이 볼만하고, 아이의 손에 '동전 한 잎'을 쥐어 주며 선생님 말씀 잘 들으라는 부모도 있다.

거창교회의 대부분 교인은 이 지역에서 낮은 신분의 사람들이다. '하나님이 택하신 멸시받는 자들'이다. 복음은 누구에게나 전해져야 한다. 유치원을 통하여 우리는 전에는 접하지 못하였던 계층의 사람들을 만나고 있다. 이들도 영적으로 구원이 필요하고 갈급한 사람들이다.

등록일에 우리는 몇 학생을 돌려보내야 하였다. 방이 너무 작기 때문이다. 밖에서 가르치기도 하였지만, 지금은 교회당에서 가르친다. 그런데도 학생을 다 받지 못하는 것은 교사를 더 찾지 못해서이다. 이렇게 유치원이 계속 운영되어 입학비 외에도 매달 학비를 받아 유치원을 위한 여러분의 후원은 없어도 될 것이다. 교회의 지원은 없는데 교회는 새 교회당이 속히 필요하고, 남학교 운영에 희생적으로 재정을 쓰고 있다.

　최근에 조직된 우리 학교 학부모회에서 유치원 방을 구하려고 백방으로 노력하고 있다. 이들은 나에게 말하였다. "우리는 돈을 모금할 수는 있어도 운영은 못 합니다. 부인을 도울 뿐입니다." 나는 대답하기를 우리가 이 일을 하는 이유는 예수님이 아이들을 부르고 사랑하기 때문이고, 부모도 그리스도를 만나기 원하기 때문이라 하였다. 거창의 사람들도 자신의 아이들 교육의 필요성을 깨닫고 있고, 우리가 만약에 이 일을 그만두면 어떤 영향이 있을지 두렵기까지 하다.

1924년 5월 18일. 거창.
〔더 크로니클, 1924년 9월 1일, 6〕

24. 세례식과 성찬식

　3월 마지막 주일, 세례식과 성찬식이 있었다. 20명의 성인이 세례를 받았는데 7명의 남성과 13명의 여성이다. 교회는 세례받은 자들의 명단을 불렀고, 120명 이상이 성찬식에 참여하였다. 우리는 이들이 다 앉을 수 있도록 어린이들을 내보내야 하였다. 보통처럼 비좁게 앉으면 성찬을 돌릴 수 없기 때문이다.

　그다음 주일은 어린이 주일이었다. 250명 정도 되는 어린이들과 교인 그리고 구경꾼까지 교회당을 꽉 메웠다. 지역의 주일학교에서도 참석하여 노래와 성경 암송을 하였다. 이들은 대부분 주간이나 야간 학교에 다니는 학생들이다. 몇 년 전까지만 해도 그렇지 못하였다. 아이들이 정부 학교 등에서 교육을 받을수록 점점 모으기도 전도하기도 어렵다. 이 아이들을 지금 그리스도께 데리고 와야 한다. 누가 그 책임을 맡았는가? 여러분인가 나인가?

[더 크로니클, 1924년 9월 1일, 6-7]

25. 방해받는 성경반

(스코트 양은 남성 선교사 없이 거창의 요새를 매카그 양과 한국인 목사의 도움으로 지키고 있다. 거창의 선교사들은 20개의 교회를 돌보고 있는데, 교인들은 지도자를 보내 달라고 호소하고 있다.)

거창에서 10마일 떨어진 시골의 한 마을에서 새 예배 모임이 시작되었다. 우리는 이곳 교인을 위하여 성경반을 열었다. 새 신자들은 열심히 공부하려 하였지만, 구경꾼들의 계속되는 등장으로 공부는 방해를 받았다. 우리는 이 상황을 대비하지 못하였다! 어떤 때는 대여섯 명이 어떤 때는 30명 가까이 단체로 왔다. 나이 든 할머니와 중년 여성들도 왔고, 젊은 여성들과 아이들도 와 '구경'하였다. 다녀간 여성들의 입소문으로 더 많은 여성이 왔고, 대부분 조용히 우리를 지켜보

앉다. 우리가 그들에게 다가가 질문하면 그제야 그들은 손을 저으며 물러났다. 그들의 귀에도 씨앗이 떨어졌고, 그다음은 주님께 맡긴다.

셋째 날이 돼서야 비로소 구경꾼이 줄어들었다. 그때 온 사람들은 정말 관심이 있어서인데 한 젊은 여성이 믿기를 원하였다. 그다음 날에는 2명의 나이든 여성이 와 오전 공부에 참여하였고, 신앙을 받아들였다. 그들은 집이 멀어 밤에는 못 나온다고 하였지만, 결국 밤에도 참석하였다.

다른 곳에서의 성경반은 더 좋았다. 구경꾼들에게 '이곳은 하나님의 집이니 조용히 해야 한다'고 하였고, 그들은 그 말을 존경해 주었다. 벽에 걸어 보여주는 그림에 이들은 매료하였고, 다른 곳의 못 배운 사람들보다 이해가 빨랐다. 세례 요한이 요단강에서 가르치는 모습에 이들은 많은 관심을 보였다.

특히 예수님이 아이들과 함께 앉아 있는 그림에 이들은 관심을 보였다. 그림의 아이들은 5명으로 다섯 인종을 대표하는데 모두 예수님의 말씀에 집중하는 모습이다. 때로 여성들은 질문하였다. "어떻게 하나님이 아이들을 사랑할 수 있나요?" "이 아이는 왜 얼굴이 검은가요?" "예수님의 얼굴이 참 아름답습니다." 여성들이 그림 앞에서 한동안 서 있는 모습을 보면서 나는 만유의 주님을 다시 한번 느낄 수 있었다.

또 다른 마을에서는 우리의 성경반을 간절히 호소하였다. 나는 나나 매카그 혹은 거창에 사는 한국인 순회 전도자가 꼭 가겠다고 약속하였다. 우리는 더 자주 이들을 방문해야 한다. 새 목사의 도움도 이들에게 꼭 필요하다. 그는 약한 교회를 돕기 원하는 마음을 가진 것 같다.

남성 선교사가 이곳에 올 가능성이 있다는 소식에 우리는 환호하였다. 고향의 위원회가 잘 인도되기를 희망하고 기도한다. 특히 거창에는 남자 일꾼이 현장에 꼭 필요하다. 손도 대지 못한 곳이 너무 많다. 여러분과 우리의 기도가 속히 이루어지기를 기대한다.

[더 크로니클, 1925년 12월 1일, 7-8]

26. 그녀의 책임

스코트 양은 지난 7월 방학 중에 거창에서 열린 성경반에 관하여 썼다. 그녀는 이런 성경반이 중국에 정착하고 있는데, 한국에서도 그렇게 되어가고 있다고 하였다. 대학교 학생들이 방학 때 시간을 내어 자기 고향에 내려가 공부반을 인도하며 마을을 계몽한다고 한다. 거창에는 아직 그런 대학생이 없어 다른 곳보다 교사가 적어 어려움을 겪고 있다고 하였다.

8월에 스코트 양은 3주간 원산을 방문하였다. 그리고 매카그 양을 9월 1일에 거창에서 환영하였다. 스코트 양은 말하였다. "매카그가 이곳 시골 교회를 맡아 나에게는 큰 안심이다." 그녀는 거창의 교회, 학교, 유치원 책임 외에 그곳 성서공회 지부 그리고 그 지부의 매서인 감독까지 맡고 있다.

[더 크로니클, 1926년 4월 1일, 4]

27. 주중 성경반

수년 전 미국에서 시작된 '주중 성경학교' 운동은 어린이 종교 교육을 위하여 시작되었다. 이 운동은 동양에서도 촉발되었는데 특히 믿지 않는 어린이를 위하여 진행되었다. 거창에서 우리는 몇 년 전 두 개의 마을에서 주중 성경반을 시작하였다. 주일에는 교사가 그곳까지 갈 수 없으니 주중에 방문하는 것이다. 그리고 지난 10월 그 성경반이 다시 시작되자 다른 마을에서도 성경반을 열어 달라고 호소하였다. 우리는 바울처럼 초청하는 모든 마을에서 성경반을 운영하였다. 내가 한 곳을 맡았고, 전도부인은 다섯 곳을 맡았다. 나는 가능한 다른 곳도 방문하며 진행되는 추이를 지켜보고 있다.

겨울 동안에 이 교사는 커다란 빨간 목도리를 하였는데 이것이 두 마을에는 하나의 '깃발'이 되었다. 빨간 목도리를 한 여성이 먼 거리에서 오는 모습을 아이들은 반겼다. 한번은 그녀와 함께 한 마을을 가는데 시냇물 앞에 섰다. 그때 멀리서 아이들이 앞서거니 뒤서거니 뛰어오는 모습이 보였다. 그 후 마을에 더 가까워지자 한 무리의 여성이 나타나 우리를 환영하였다. 이들은 먼저 우리에게 고개 숙여 인사하려고 달리기 경쟁을 하였다.

마을에 도착할 때 20명의 소녀와 여성이 우리와 함께하였다. 그리고 한 기독교인의 집에 들어가자 60명의 어린이가 마루에 앉아 기다리고 있었다. 성경반에 등록한 학생들이다. 우리는 먼저 이들과 함께 찬송을 불렀다. 음정은 맞지 않았지만 무슨 뜻인지 아이들은 안다. 기도 후 이들은 지난주 공부에 관한 질문을 하였고, 요리문답을 암송하였고, 그리고 성경의 새 이야기를 배웠다. 그 후 아이들의 에너지를 발산시키는 게임을 하였다. 이들의 나이는 6살에서 16살까지인데 대부분 여자이고 남자는 10명 정도이다.

나는 구경꾼들의 숫자도 세어보았다. 여자들만 73명이다. 우리 학생들과 합쳐 모두 150명 정도가 밝은 햇살 아래 성경 이야기를 들었다. 그 후 읽기와 쓰기 공부도 있었다. 가장 기초적인 한글 공부였는데 교사의 인내심에 놀랄 정도이다. 그녀는 학생들이 차례로 앞으로 나와 칠판 헝겊에 무언가를 쓰도록 하였다. 그녀는 어디를 가던 이것을 가지고 다닌다.

나도 구경꾼들에게 전도하였다. 그러나 별 반응은 없었다. 오히려 학생들을 가르치는 모습에 그들은 더 흥미를 느꼈다. 얼마 전 한 무당이 어떤 모친에게 그녀의 아이가 우리 성경반에 참석하면 한 달 안에 죽는다고 하였다고 한다. 그래서 그녀는 성경반에서 안 나가려고 우는 아이를 강제로 끌고 갔다.

성경반을 마치고 우리는 떠나는데 아이들이 나와 우리의 짐을 들어주었다. 손풍금, 그림책, 가방 등등 제법 먼 개울 건너까지 환송해주었다. 심지어는 나의 스카프와 장갑까지 정성스럽게 들어주었다. 장차 이 아이들 모두 주님의 포도원에서 일하기를 기도한다.

1926년 4월 10일. 거창.
(더 크로니클, 1926년 6월 1일, 6-7)

28. 여전도회의 부흥

'더 크로니클'에 여전도회 부흥에 관한 내용보다 더 적절한 내용이 어디 있겠는가! 이 교회에는 다양한 형태의 여전도회가 있었다. 그러나 그 영향과 쓸모는 흥하기도 하고 쇠하기도 하였다. 열정과 지식을 겸비한 회원이 드물거나 혹은 신앙의 깊이에 근거한 행위가 약한 것이 사실이다. 그러나 하나님의 능력은 이 무지한 여성들을 통하여 새 신자를 교회로 불러들인다. 우리는 이 교회의 여성들을 어떻게 다시 깨우고 힘을 줄 수 있을지 한동안 기도하여 왔다. 새 목사님이 참석한 위원회 모임에서 이들을 위한 계획을 세웠는데 이것이 매우 성공적이었다.

교회를 아홉 개의 구역으로 나누어 각 구역이 예배 모임을 하게 하는 것이었다. 그리고 한 달에 한 번 전체 보고회를 위하여 구역마다 조장을 세운다는 제안이었다. 이 일을 효과적으로 실행하기 위하여 경험 있는 전도부인이 필요하다는 의견에 위원회는 동의하였다. 교회 목사님도 교회의 운영위원회에 지원을 요청하겠다고 약속하였다.

그다음 주일 목사는 예배 후 중요한 여성 모임이 있다고 광고를 하면서 여성은 모두 남으라고 하였다. 거의 모든 여성이 예배 후 자리에 남았고, 목사는 각 마을 단위로 그룹을 지어 앉으라고 하였다. 그러자 아홉 개의 모임이 곧 드러났다.

마침내 회의가 시작되었다. 그리고 목사는 기도와 성경공부 계획을 발표하였다. 각 구역의 조장은 기도회 출석과 성미하는 여성을 매주일 확인하라고 하였다. 각 구역의 목표는 구역에 속한 모든 여성이 기도회에 출석하는 것과 성미에 참여하여 그 돈으로 전도부인을 고용하는 것이었다. 여성들은 이 계획을 기쁘게 받아들여 동의하였다. 목사는 교회당 한 곳에 성미 모으는 공간을 지정하였고, 여성들은 열정적으로 성미에 동참하였다.

두 주전 우리는 첫 번째 전체 구역 모임을 했다. 보통 여전도회는 25명이 모이는데 이번에는 80명이 모였다. 각 조장은 자신의 구역에 몇 명의 여성이 있으며, 몇 명이 구역 기도회에 출석했으며, 몇 명이 주일예배에 참석했으며, 몇 명이 성미에 참여하였는지 일일이 보고하였다. 그리고 각 구역은 일어서서 요한복음 3장 16장을 암송하였고 네 구역은 미처 암송하지 못하였다.

기도회에 출석하는 전체 인원은 모두 107명으로 평균 80명이 참석하였다. 성미를 하는 인원은 60명이었다. 처음에 성미의 양이 6에서 10, 그리고 15였고, 지난 주일에는 18이었다. 전도부인을 부르기 위해서는 20[6]이 필요하였는데 거의 목표에 다다랐다. 내가 참석하는 기도회에는 안 믿는 이웃도 종종 참석하기에 전도의 기회도 있다.

몇 주 전 교회 목사와 장로 한 분이 학교 사무실에서 이야기를 나누었다. 목사는 총회 활동에 관하여 말하면서 다음과 같이 염려하였다. "우리 교회가 많은 일을 할 수 있지만, 교인들이 전체적으로 가난하여 어렵습니다. 정치적으로도 힘들고요." 그러나 장로는 동의하지 않았다. "만약 우리나라가 독립되고 풍요롭다면 사람들은 복음을 받아들이지 않았을 겁니다." 이 교회가 처음부터 가난한 자에게 복음을 전하여 기쁘고, 만약 부자들에게 먼저 복음을 전하였다면 자신들의 '가난함과 헐벗음'을 몰랐을 것이다.

(더 크로니클, 1927년 3월 1일, 8-9)

---

[6] 정확한 부피 값은 표기되지 않았는데 홉, 되, 말 중의 하나인 것으로 보인다.

29. 사립명덕여학교

　야소교내 자녀를 교양키 위하야 십여년전에 호주관할 미신회[7]에서 설립한 학교로 이래기개성상에 만흔 무산자녀를 길러내게 되엇으며 각처 유학생도 불소하다하며 현재 학생수는 약 80명이요 교원은 남녀 합 삼명이라한다.

[동아일보, 1927년 8월 21일, 5]

30. 선교 보고회

　스코트 양은 1월 말 모스길의 도날드슨 박사에게 작은 수술을 받았다. 회복이 잘 되었다. 지금은 빅토리아주 서쪽 노회들의 대회를 방문하며 선교 보고를 하고 있다.

[빅토리아여선교연합회 회의록, 1928년 3월 20일, 스코트교회당]

---

7)　미신회는 선교(mission)회를 말하며 당시 미슌회 혹은 미신회 등으로 표기되었다.

31. 다시 한국으로

지난 기도회에 총회 회관은 사람들로 가득 찼다. 빅토리아여선교연회를 대신하여 매튜 여사가 한국에서 막 돌아온 클라크 양을 환영하였고, 한국으로 다시 떠나는 스코트 양과 레거트 양을 환송하였다. 이 자리에는 테일러 부인과 앤더슨 부인 그리고 알렌 목사와 트루딩거 목사가 동석하였다.

스코트 양은 휴가 기간이 매우 빨리 지나갔다고 말하며, 지난 일 년은 축복의 시간이라고 하였다. 그녀는 인사 마지막 부분에 우리가 필요한 것은 하나님을 향한 절대적 믿음과 그가 우리를 통하여 할 수 있는 일에 대한 무한한 신뢰라고 하였다.

[더 크로니클, 1928년 8월 1일, 3]

32. 자동차 길

거창의 길 공사를 위한 우리의 몫으로 25파운드를 지원하기로 하다. 여선교연합회 재정에서 지출하기로 하기로 하다.

[빅토리아여선교연합회 회의록, 1928년 9월 18일, 스코트교회당]

33. 거창선교부 보고서 1927-1928

지난 한 해도 활동 중에 실망하는 일들이 있었지만, 하나님의 섭리 속에 전체적으로 확실한 진보가 있었음을 감사한다.

거창교회:

김만일 목사의 지도력으로 교회는 계속 성장하였다. 22명의 유아와 장년이 세례를 받았고, 16명의 새 신자가 예배에 정기적으로 참석하고 있다. 교회당 안에 전기가 설치되어 교인들이 편하게 예배드리고 있고, 교인 한 명이 성찬식 도구 한 벌을 기증하였다. 작년에 세례받은 한 젊은 은행 직원은 음악에 재능이 있는데 교회를 열정적으로 돕고 있다. 그는 성가대를 조직하여 정기적으로 연습시키고 있다. 몇 주 전에는 그의 아내와 아기도 세례를 받았다.

여전도회는 신실한 전도부인 한 명을 고용하여 활동하고 있다. 그녀의 봉급은 회원들이 헌납한 성미를 팔아 마련하고 있는데 최근에 쌀값이 올라 목표액 마련에 어려움을 겪고 있다. 최근 이곳에서 술 전시회가 있었다. 시골에서 많은 사람이 구경 왔는데 여전도회는 이 기회를 이용하여 전도지를 돌렸다. 동시에 여성들을 교회로 초청하여 복음을 전할 기회도 얻었다.

지난여름 교회는 여름성경학교를 성공적으로 운영하였다. 평균 118명의 학생이 참여하였다. 주중 성경반 학생들도 증가하였는바 7곳에서 운영되고 있다. 5곳은 전도부인이 돌보고, 나머지 2곳은 학교 교사가 특별히 돌보고 있다. 일곱 곳의 성경반에서 매주 평균 335명의 학생이 공부하며, 대부분 잘 출석하고 있다. 교회는 성경반에 전도부인과 자원봉사자를 보내어 안 믿는 학생 부모 전도도 하고 있다.

학교와 유치원:

유치원은 계속하여 인기가 높다. 졸업생 모친 한 명이 유치원에 슬라이드를 기증하였고 거창의 청소년들이 즐겨 이용하고 있다. 아직 허가받지 못한 초등학교는 만족스럽지 못한 수석 교사로 인하여 어려움을 겪었는데, 이제 그는 사임하였고 다시 제자리를 찾았다.

시골 교회:

지난해에 비하여 시골에서 세례받은 숫자가 2명 줄었지만, 전체적으로 성장하고 있다. 교인들은 합심하여 일하고 있고, 징계를 받은 숫자도 적어졌다. 영적인 생활이 나아지고 있다는 증거도 보인다. 성경반에 출석하는 숫자가 늘고 있고, 스왈론 박사의 성경반 과정에도 출석하고 있다. 이 과정을 마치고 올해 3명이 졸업을 한다. 큰 빈곤에도 불구하고 교인들은 재정적인 책임을 감당하고 있고, 종과 성찬기를 기증한 교인도 있다.

관아터와 네거리의 예배 모임은 매우 연약하다. 가난으로 인하여 남아있던 교인 가정마저 그곳을 떠났다. 반면에 다시 회복되는 교회도 있다. 사곤의 교회는 예배당이 팔려 없어졌는데 한 신실한 기독교인 남성이 이사하여 자기 집에서 예배를 시작하였다. 지금 10명 정도가 모이고 곧 예배당을 마련할 것이라 한다. 안의의 교인들은 좋은 장소를 확보하여 교회당을 세웠다.

작년에 조사가 부임한 가조는 성장세가 빠르다. 늘어나는 교인들을 위하여 교회당이 확장되었고, 매일 저녁 운영하는 야학에 많은 학생이 출석하고 있다. 여성의 입장에서 보면 이곳에 어린이 사역의 큰 기회가 있고, 좋은 교사만 확보된다면 부흥할 것이다. 어린이 사역이 성장하면 어른 사역도 따라온다.

자동차 운영은 우리 활동에 도움이 된다. 자동차로 우리는 주중에 4개의 시골 성경반을 다니며, 주일에는 한 개의 성경반을 인도한다. 이로 인하여 250명의 어린이가 성경 이야기를 듣고 있다. 다른 지역에서 온 여성 6명이 올해 성경학원에 입학하였고 2명이 졸업하였는데, 그중에 한 명은 전도부인이다.

지난 3월 성서공회의 방문위원회가 이 지역 매서인들과 함께 활동하여 1,100권의 쪽 복음을 팔며 부흥회도 주관하였다. 지난달 야로에 있던 불교 행사에서 이들은 수백 명의 사람에게 전도지를 나누어 주며 전도하였다.

우리의 조사와 전도부인은 자신들의 시간과 힘을 충성되게 쓰고 있다. 그리고 순회 목회자 이채익은 이 어려운 지역에서 개인적인 봉사와 감독의 일을 열정적으로 수행하고 있다. 삼 년 동안의 신실한 씨 뿌림으로 이제 추수가 시작될 것으로 우리는 확신한다.

〔더 크로니클, 1928년 10월 1일, 18-19〕

34. 피아노가 도착하다

멜버른을 떠난 지 9주가 지났고, 거창에 도착한 지 3주가 되었다. 이곳의 어려운 일에도 불구하고 고향에서의 행복한 시간이 아직 나의 뇌리에 머물러 있다. 부산에서 환영받고 거창에 와 또 환영을 받았다. 거창의 몇 가정은 이사하고 없어 아쉬웠지만 말이다.

학교 교사와 유치원 보모들도 모두 새 얼굴이다. 몇 남성들은 내게 다가와 악수를 청하였는데 시대가 바뀌는 모습이다. 여성들은 주일에 나를 에워싸고 소란스럽게 환영하였다. 한 남성이 후에 나에게 말하였다. "첫 주일에 환영 인사를 드리려 하였지만, 부인을 둘러싼 여성들이 너무 많아 못하였습니다." 유치원에서는 어린이들이 영어 노래를 부르며 나를 환영하였다. 내가 놀라워하며 기뻐하자 어린이들은 크게 좋아하였다.

내가 이곳에 온 지 얼마 안 있어 피아노와 스토브가 도착하였다. 특별히 피아노가 시선을 끌었다. 기차에서 피아노를 내려 소달구지로 이곳까지 45마일을 운반하였다. 길가에 구경꾼이 몰려들었고, 사람들마다 한 마디씩 뭐라고 하였다. 그리고 마지막 단계에서는 네 사람이 모서리를 매어 들고 운반하였다. 그들은 논의 이랑 사이를 지나왔는데 우리는 발코니에서 그 모습을 지켜보았다. 매카그는 사람들이 소리치는 소리가 마치 장례식 같다고 하였다! 안 믿는 사람들의 장례식 말이다. 그 모습을 사진 찍지 못하여 아쉬울 뿐이다! 우리 선교부 안으로 들어올 때 대문을 약간 조정해야 하였다. 우리는 그 상자들을 즉시 개봉하지 않았다. 구경꾼들은 실망하였고, 더 이상 구경거리가 없자 사람들은 돌아갔다.

부엌의 굴뚝은 예전 난로에 맞추어 있어서 우리는 새 스토브에 맞게 굴뚝 공사를 해야 하였다. 마침내 완성되자 부엌에 연기가 줄어들었고, 요리도 잘되었다. 그리고 전에보다 연료도 적게 들었다. 학생 한 명이 새 오븐에 스콘을 구웠는데 그만 다 타버렸다. 그는 연료를 많이 넣지도 않았는데 왜 탔는지 모르겠다고 하였다. 우리는 새 난로에 만족하였고, 그 열기가 방에도 들어 와 겨울에는 좋다.

〔더 크로니클, 1928년 12월 1일, 4-5〕

35. 재정적인 어려움

이 지역이 다른 곳에 비해 가뭄이 심하지 않지만, 올해 교회마다 재정적인 어려움을 겪고 있다. 교회의 지붕을 다시 해야 하고, 목사 월급도 밀려있어 지도부는 염려하고 있다. 목사는 가정의 이유로 사임을 하였다. 그는 의외로 재정적으로 어렵지 않은 위치에 있는 것 같은데, 교회에 오히려 큰 헌금을 하였고 50파운드 값어치 되는 밭도 헌납하였다. 교회는 아마 재정적인 이유로 후임 목사를 청빙하지 못할 것이다.

지난주 교회의 지도자들은 나에게 와 교회의 재정 상태를 설명하였다. 그리고 나에게 여전도회에 권유하여 목사 봉급 기금을 더 내게 해달라고 하였다. 현재 여전도회는 전도부인의 봉급을 담당하고 있는데 목사 봉급까지 일부 책임져 달라는 요청이었다. 나는 그것보다 다른 방법을 찾기 원하였는데 혹시 우리 성경학원 출신 전도부인의 활동에 영향이 갈까 염려되었기 때문이다. 전도부인은 목사가 할 수 없는 일을 감당하고 있고, 그 어떤 때보다 지금 여성 교인이 가장 많이 출석하고 있다.

남성 지도자들은 다른 곳에서 재정을 마련하자는 내 생각에 부정적이었다. 나는 그들에게 10년 전을 생각해 보라고 하였다. 지금 많이 성장하고 있다고 하였다. 20년 전에는 거창에 기독교인 한 명도 없었다는 데 그들은 동의하였다. 지금의 재정적 어려움은 더 큰물이 들어오기 전 빠져나가는 썰물이라고 하였고, 희망을 잃지 말자고 하였다. 그 비유에 그들은 조금 힘을 얻는듯하였다. 교회 지도자들은 피아노를 '구경'할 수 있냐고 물었고, 나는 그들을 안내하였다. '페달을 밟지 않고도' 소리가 나는 모습에 그들은 놀라하였고, '거울같이' 매끄러운 모습에도 감탄하였다.

10월 12일. 거창.
[더 크로니클, 1928년 12월 1일, 5-6]

36. 장학금 받는 학생들

올해 연례 성경반을 위하여 북쪽에서 방문객이 왔다. 그는 비교적 작은 규모의 성경반인지 몰랐고, 또 길이 그렇게 멀고 추운지도 몰랐다고 한다. 거창은 남쪽이라 따뜻한 줄 알고 평양에서보다 옷을 가볍게 입고 온 것이다. 그러나 이곳에서의 개척적인 선교 활동이 그를 따뜻하게 하였다. 그의 강의를 들으러 산 넘고 물 건너 먼 곳에서 온 조사들, 교회 안의 매우 가난한 농부들과 청년들을 보고 그는 감동하였다.

그는 평양의 칼리지와 중학교의 교장이다.[8] 그가 도착하자 곧 그의 학생이 될 청년들이 그를 둘러쌌다. 그는 우리의 두 명 학생에게 충분한 일을 주어 졸업할 때까지 책임지겠다고 하였고, 다른 두 학생에게도 같은 약속을 하여 부모들의 염려를 덜게 하였다.

그리고 우리 성가대 지휘자! 그도 맥큔 박사의 관심을 받아 평양에 가 공부할 수 있게 되었다. 그 지휘자는 공부를 하기 위하여 돈을 모아왔고, 맥큔 박사는 그가 평양에서도 지휘를 계속할 수 있도록 돕겠다고 약속하였다. 평양교회에서는 지휘자에게 봉급을 준다는데 그가 학생이기 때문일 것이다.

이것만으로도 우리는 감사하는데 라이얼기념학교에서도 남학생들에게 장학금을 준다 하여 우리의 잔은 넘쳐 흘렀다. 시골의 교회에 속한 두 명의 총명한 학생을 추천하였고, 그들은 이미 입학시험을 통과하여 마산에 가 있다. 이러한 장학금이 없었다면 이들은 지도자가 될 교육의 기회가 없었을 것이다. 오늘날 우리에게는 훈련받은 지도자가 매우 필요하다.

평양신학교 2학년에 재직 중인 한 조사는 다음과 같이 말하였다. "이 축복받은 학생들은 장차 자신들이 자란 지역의 지도자가 될 것이다." 주님을 향한 이들의 열정에 지식이 더해지기를 기도해 달라.

(더 크로니클, 1929년 7월 1일, 19)

---

[8] 조지 맥큔 박사로 평양숭실전문학교 교장이었다.

37. 조지 맥큔의 찬사

스코트 양과 매카그 양을 거창에서 만났다. 매우 소중한 만남이었다. 이들은 한국인들을 위하여 자기 자신을 아낌없이 희생하고 있고, 한국인들은 그들을 매우 사랑한다! 이들의 집은 이곳 사람들의 힘의 원천이다. 목회자, 전도자, 전도부인, 교사, 교회 직원, 젊은 남녀들이 아침부터 저녁까지 그 집을 드나든다. 그리고 그 집을 나올 때는 영감과 격려를 충분히 받아 주님을 전한다.

이들은 유쾌하고 능력이 있을 뿐 아니라 관대하여 사람들이 계속 방문한다. '마른 우물에는 가지 않는다'고 누가 말하였다. 이들의 문 앞에는 항상 많은 신발이 놓여 있다.

'더 프레스비테리안 메신저'
(더 크로니클, 1929년 7월 1일, 19)

38. 봄 소풍

젊은 한국인들은 봄이 되면 소풍을 기다린다. 학교 교사들이 산으로 산책가자는 제안을 하였다. 가장 어린 학생들은 남겨둔 채 우리는 3마일을 걸어 산 언덕으로 올라갔다. 길가에 아직 꽃이 많이 피지 않았고, 이들이 꽃으로 여기지 않는 바이올렛과 할미꽃이 보였다. '진짜 꽃'인 진달래는 좀 더 높은 곳에 드문드문 피어있었다. 학생들은 그것을 꺾으러 바위 근처로 뛰어 올라갔고 교사들은 막았다.

어린아이들은 경쟁적으로 꽃을 다 따 교사들에게 주었다. 좀 더 멀리 가는 아이들은 '진짜 꽃'을 꺾어 트로피처럼 흔들었다. 그러나 군데군데 꽃잎이 찢겼는데 그들이 먹었기 때문이다.

그다음 날 사무실에서 한 교사가 말하였다. 진짜 소풍은 언제 가느냐고 학생들이 묻는다는 것이었다. 두 주 후 어느 날, 우리는 학교 운동장에 모여 먼저 예배를 드렸다. 그리고 우리를 10마일 떨어진 소풍 장소로 데리고 갈 큰 트럭을 기다렸다. 트럭은 2시간이나 지나서야 도착하였다. 학생들은 기다리는 그 두 시간도 즐거워하며 떠들었다. 우리는 트럭 운전사에게 늦은 대신에 오후에 아이들을 데리러 오라고 하였다. 그렇지 않으면 소풍 시간이 너무 짧아지기 때문이다.

차를 타고 가는 길에 벚꽃이 만개해 있었다. 우리의 소풍 장소에 도착하니 산이며, 계곡이며, 바위며, 시냇물이며 그 아름다움은 말할 수 없었다. 남교사는 학생들에게 하나님이 창조하신 세상을 보라며 소풍을 온 의미에 대하여 설명하였다. 점심시간이 되어 학생들은 각자 가자고 온 음식과 학교에서 준비한 과자 등을 먹으며 즐거워하였다.

교회는 너무 어려운 시기라 소풍을 가지 않기로 하였지만, 열정이 넘치는 남성들의 건의로 지난 토요일 운동회 겸 소풍을 했다. 거창에서 멀지 않은 소나무밭에 4백 명가량의 학생과 그와 비슷한 숫자의 어른들이 모였다. 각자가 음식을 준비해야 하였고, 교회는 더운물을 제공하였다. 달리기가 주 종목이었고 교회 목사가 우승자에게 상장과 상품을 주었다. 소풍을 위한 교회의 예산은 3파운드 정도였는데 공책과 연필 등 250개의 상품을 2파운드에 준비하였다.

운동회 전 예배가 있었다. 우리 학교 어린이들이 찬송을 인도하였다. '어두운 밤 쉬 되리니 네 직분 지켜서'와 시편 23편을 불렀다. 점심

시간에 매카그와 나는 소나무 밑에 앉아 유치원생, 그들의 부모 그리고 기독교인이 아닌 사람들과 식사를 하였다. 매카그는 시골 순회로 먼저 떠나는데 한 여성이 물었다. "저분은 결혼했습니까?" "아니요." "다른 분은요" "그분도 독신입니다." "네? 그러면 저분들에게 인생의 낙은 무엇인가요?"

나는 고개를 돌려 그 여성에게 반문하였다. "부인은 무슨 재미로 인생을 삽니까?" 그녀는 대답하였다. "물론 자식과 손자들이지요." 나도 유치원과 교회 아이들을 사랑하며 그들이 잘 되기를 기도한다고 대답하였다. 이날은 어떤 사고나 싸움도 없었고 모두에게 즐거운 날이었다. 진행하는 사람들에게는 힘든 날이었겠지만 말이다.

다음 날 주일에는 성찬식이 있었다. 네 명의 학생과 세 명의 성인이 세례를 받았다. 세례문답반에는 19명이 들어왔다. 현재 교회 안에 기쁨과 희망이 충만하다. 빚도 다 갚았고, 새 신자들도 많아지고 있다.

〔더 크로니클, 1929년 8월 1일, 4-5〕

39. 장로의 아내

누가 문을 두드렸다. 토요일 저녁은 손님이 오기에 늦은 시각이다. 한 작은 여성이 주일 의상을 입고 서 있다. 깨끗한 하얀 옷이다. 이런 시간의 방문은 무슨 문제가 있다는 뜻이다. 그녀가 말하기를 주저하는데도 이유가 있었다.

그녀의 이름은 남이이다. 그녀는 우리 교회의 장로 아내이며 그 장로는 신학교를 다니는 조사이다. 우리는 그동안 그녀가 남편의 일에 큰 도움이 된다는 생각을 한 적이 없다. 그녀의 문제는 13살 된 그녀의 장남 김필이였다. 그날 아침 그는 학교에 가는 것을 거부하였다. "학교 가도 소용없어. 선생님이 맨날 야단만 친다 말이야. 엄마도 맨날 나만 야단치잖아. 나는 쓸모 없어." 어르고 달래도 그는 막무가내였다.

"아빠가 집에 있을 때는" 그녀가 말하였다. "아무 말 없이 물도 나르고, 염소도 먹이고, 마당도 쓸고 하는데 아빠만 없으면 그래요. 그리고 걔 아빠는 종종 집을 비우고요." 내가 그 사실을 모를까. 그는 9개의 작은 시골 교회를 돌보고 있고, 가장 가까운 곳이 산 넘어 15마일이나 떨어져 있다. 아마 그는 우리 지역의 가장 부지런한 전도자일 것이다. 그리고 집에 오면 목사 없는 교회의 서기 일도 한다. 그는 집에 거의 없고, 그의 두 아들은 말썽꾸러기이다.

남이는 계속하여 말하였다. "아이 아빠가 지금 신학교에 있는 것 부인도 알고 있죠. 한 학기 더 공부하고 그가 교회를 맡으면 집에 있을 수 있겠죠. 그러면 아이들에 관한 내 걱정이 없어지게 될까요. 그는 아마 시골교회를 계속 다니며 자신의 힘과 가진 것을 다 쏟을 거예요." 그녀는 한숨을 쉬었다. 나는 안다. 그녀가 아끼고 아껴 돈을 조금이라도 모으면 그의 남편은 가난한 시골교회를 도우며 가정은 뒷전이란 사실을 말이다.

그녀의 탄식은 아직 끝나지 않았다. "작년에 저는 하루에 한 끼 건너뛰며 살았는데 부인은 아시나요? 아이들 먹을 것만 챙기고 내 몫의 쌀은 따로 모아두었어요. 그러나 얼마 안 되어 몸이 약해지고 병이 나 계속할 수 없었어요. 남편이 봄에 공부를 다 마치려면 돈을 모아야 하는데 제가 할 수 있는 일은 무엇일까요?"

우리는 당장 방법을 생각할 수 없었지만, 한가지는 동의하였다. 그녀의 남편이 내년 봄 공부를 다 마치도록 하나님께 기도하는 것이었다. 많은 학생이 공부할 수 있는 것은 그들의 아내가 희생하고 있기 때문이라는 것을 잊으면 안 된다.

[더 크로니클, 1930년 3월 1일, 17-18]

40. 일곱 명의 여성

구정이 끝날 무렵 우리의 연례 성경학원 예비반이 시작되었다. 등록하겠다고 약속한 시골의 몇 여성이 오지 못하여 이번 반의 출석 인원은 적었다. 모두 일곱 명이 참석하였는데 그중 3명은 청강만 하였다. 두 명의 여성은 무릎까지 쌓인 눈을 헤치며 시골에서 왔다.

개강하는 날 아침 나는 공부가 시작되는 교회당으로 갔다. 가는 길에 시냇물에서 빨래하는 교인을 보았는데 그녀에게 나는 왜 성경반에 참석하지 않느냐고 물었다. 그녀는 조용히 말하였다. "주님께서는 제 사정을 잘 아십니다. 다른 사람들은 몰라도요." 나는 다시 말하였다. "물론 주님께서는 아시지요. 그러나 이런 기회를 놓치는 것은 교회에 도움이 안 됩니다." 나는 그녀를 뒤로하고 걸으면서 내가 너무 엄격하게 말한 것을 후회하였다. 그러나 놀랍게도 그녀가 곧 성경반에 나타났다. 그리고 그녀는 공부에 진보를 보였다.

성경반이 반 정도 진행된 어느 날, 그녀와 한 나이 든 여성이 성경반에 오게 된 동기에 관하여 대화하였다. 그녀가 말하였다. "성경반에 참가하면 다른 사람들을 도울 수 있다고 생각했어요." 나이든 여성도 말하였다. "교회나 주일학교에서 말하는 것을 나는 반도 못 이해해. 성경공부를 하면 더 알아들을 수 있겠지."

또 다른 여성은 두 번이나 성경반에 참가하기 원했지만, 가정일로 포기하였었다. 그러나 이번 봄에 그녀의 남편이 신학교를 마치니 자신도 성경을 배워 남편에게 도움이 되기를 바란다고 하였다. 그녀가 예비반을 성공적으로 마치면 성경학원 학비를 지원하겠다고 호주의 한 친구가 약속하였다.

한 나이든 여성이 하루는 말하였다. "성경공부가 아니면 무엇이 나를 아침 일찍 그 따뜻한 방에서 나오게 하여 매일 3주 동안 공부하게 하겠습니까?" 또 다른 여성은 우리 학교 교사인데 딸과 같이 교사 기숙사에서 살고 있다. 그런데 아침 식사는 보통 아들 부부 집에 가 먹는다. "오늘 며느리가 빨래하는 날이어서 그 집에 아침 먹으러 가지 않았어요. 만약에 갔으면 아기를 돌보느라 성경반에 못 왔을 거예요." 성경반 마지막 날에 우리는 슬픈 소식을 들었다. 가장 총명한 시골에서 온 한 여성이 문둥병에 걸렸다는 것이다. 우리는 그녀가 낫기를 기도하였다. 그녀는 이제 19살밖에 안 된 새 신부이다.

이 성경반에서 이러한 여성들을 가르치는 것은 기쁜 일이다. 한 명 한 명 이들을 알아가며 교제하는 것도 즐겁다. 그리고 그중 몇 명은 공부를 잘하여 하나님 나라의 일꾼이 되니 이것보다 더 보람된 일이 어디 있을까.

〔더 크로니클, 1930년 5월 1일, 8-9〕

41. 좁은 문

성경학원 아침 예배에 42명의 여성과 그들의 교사가 참석하였다. 이날은 4학년 학생이 설교하는 날이었다. 그녀는 긴장하며 떨었지만, 설교에는 시작부터 메시지가 분명히 있었다. 여성들은 아침 일찍부터 가정을 돌보고 바삐 와 이 시간에는 보통 조는데 모두 그녀의 설교에 귀를 기울였다.

그녀의 본문은 마태복음 7장의 '좁은 문으로 들어가라'였다. "지금 우리나라에는 큰 길이 많이 생기고 있지만, 아직 좁은 길도 많습니다. 한 사람만 겨우 지나갈 수 있는 길도 있지요. 그러나 넓은 길이라고 안전한가요. 자동차나 트럭, 소달구지와 인력거 등 큰길도 안전하게 다니려면 기술이 필요합니다." 이 말에 학생들은 웃었다!

"그리고 문에도 넓은 문과 좁은 문이 있습니다. 넓은 문은 마당으로 인도하고, 좁은 문은 방으로 인도합니다. 짐을 실은 소달구지는 넓은 문을 통과하지만, 방문은 통과하지 못합니다. 사람도 짐을 지고는 방문을 통과할 수 없습니다. 방문은 비좁기에 누구도 짐을 가지고 들어갈 수 없지요. 짐을 내려놓아야만 들어갈 수 있습니다."

"저는 농부의 아내이고 집에 하인도 없습니다. 겨울에는 차디찬 시냇물에 빨래하고, 그것을 통에 담아 머리에 이고 집에 옵니다. 그리고 빨래를 마루에 내려놓고 작은 방문을 열어 따뜻한 방 안으로 들어갑니다. 그 순간 나는 그 편안함으로 하나님께 감사합니다."

"조금 있으면 보리타작이 시작됩니다. 일꾼을 고용할 수 없어 그 일도 내가 해야 합니다. 타작을 마치고 뼈마디가 쑤시는 온몸으로 집에 가 더러운 겉옷을 벗고 좁은 문을 통하여 방에 들어갑니다. 나의 아픈 뼈들은 그 편안하고 평화로운 방바닥을 매우 좋아합니다. 또다시 나는 좁을 문을 통과하게 됨을 하나님께 감사합니다."

"좀 더 있으면 또 볏 모종도 시작됩니다. 진흙의 논에 허리를 구부리고 온종일 일을 하면 온몸이 젖고 춥습니다. 마침내 집에 가 진흙을 씻어 버리고 깨끗한 옷을 입은 다음 나는 방으로 들어갑니다. 물론 그 좁은 문을 통해서 들어갑니다. 그 안에는 변함없는 안식이 기다리고 있습니다. 그래서 저는 그 방문을 들어갈 때마다 천당으로 들어가는 '좁은 문'을 생각합니다. 들어가기 전 우리는 짐을 내려놓고 깨끗하게 하고 겸손하게 머리를 숙여 예수님의 평화와 기쁨이 있는 곳으로 들어갑니다."

설교를 듣는 여성들은 그녀의 예화를 너무 잘 알고 있었다. 그 설교를 듣기도 전에 그들은 이미 '좁은 문'이 생명으로 인도하는 문인 것을 매일 경험하고 있기 때문이다.

[더 크로니클, 1930년 9월 1일, 7]

42. 문맹 퇴치 학교

거창 호주선교부 주최로 군내 십일개 소동리에다 주간학교를 설립하고 무산 남녀아동을 중심으로 약 오륙개년간을 두고 담임교사

강진실 씨외 류칠명의 교원들은 매일 순회하야 한글 교수를 제일 선두로하야 수 과목의 학과를 교수하야 오던중 금년부터는 더욱 성적이 량호하야 십일개소에 남녀 학생수가 약 칠팔백명에 달한다고 하며 생도들에게 물론 월사금을 받지 아니할뿐 아니라 공책까지 사주는 수가 잇어 성심성의로 교수하야 준다는바 동정교원의 씨명은 아래와 갓다.

강진실, 이점덕, 박삼봉, 허은혜, 이순옥, 이성복, 이희택, 김복수

[조선일보, 1931년 5월 1일, 3]

43. 어느 주일예배 풍경

따뜻한 봄의 주일, 교회당이 꽉 찼다. 이 시기 거창교회에는 사람들이 가장 많다. 춥지도 덥지도 않고, 농부들도 아직 바쁘지 않다. 추워서 밖에 나오지 못했던 노인도, 밭에 음식을 날라야 하는 중년 여성도, 일하는 남성을 위하여 빨래하고 다림질하는 젊은 여성도 모두 교회에 나왔다. 밖에서 논다고 하고 교회에 온 비기독교인 가정의 청년들도 물론 있다.

작년까지 교회당 앞 중간에 있던 어린이 자리에 이제는 노인들이 앉는다. 앞자리에 앉는 또 다른 사람들은 올해 초 열렸던 부흥회

시 새로 나온 교인들이다. 새 여성 교인 한 명의 목소리가 유난히 커 좀 조용히 말하라는 누군가의 권고가 있었다. 그러자 그녀는 조금 작게 그러나 여전히 큰 목소리로 주일을 지키기 위하여 시골에서 왔다고 자신을 소개하였다. 어떤 여성들은 말을 멈추지 않고 계속 떠드는데 자신들은 떠드는 것이 아니라 주기도문을 서로 가르쳐주는 것이라 하였다. 그러나 이윽고 예배가 시작되자 모두 조용하였다.

엄마와 함께 있는 아이 중에 기침을 멈추지 못하는 아이들이 있다. 백일해에 걸렸는데 기도하여 낫기를 원해 온 것이다. 그러나 그들의 아이가 다른 아이들에게 병을 옮길 수 있다는 생각은 못 하는 것 같다. 아이가 울 때는 밖으로 데리고 나가라는 광고를 수도 없이 하지만, 어떤 모친은 아기를 달래며 끝까지 자리를 지킨다. 엄마들이 집에 머무르면 교인 수는 많이 줄 것이다. 또한 그들은 아기를 집에 둔 채 밖에 나가는 법도 없다. 유모가 아이를 돌봐주어도 엄마는 아이가 어디 있는지 보기를 원하기에 뒷자리나 문 주위에 아이들이 항상 붐빈다.

설교가 시작되기 전 앞자리에 있던 한 여성이 벌떡 일어나 주위를 둘러본다. 목사는 그녀에게 앉으라고 하였다. 그러자 그녀는 자신의 아이가 어디 있는지 모르겠다고 하였다. 염려하지 말라고 주변 사람들이 말하자 그녀는 앉으면서도 주변을 두리번거렸다.

"예배가 좀 소란스럽네요." 당신은 말할 것이다. 새 교인들은 예배 시간에 왜 한자리에 앉아 조용히 있어야 하는 건지 모른다. 이들은 그런 공공 자리에 한 번도 가본 적이 없어 계속 주의를 주어야 한다. 따뜻한 주일, 어떤 여성들은 (물론 남성들도 그렇지만) 설교 시간에 잠에 빠진다. 강단 바로 앞 한 여성이 고개를 꾸벅이며 조는데 잠에서 벗어나려고 애를 쓴다. 그러나 아무도 그녀를 도와주지 않는다.

"그러면 예배가 무슨 소용입니까?" 당신은 물을 것이다. 그런데 목사가 재미있는 이야기를 하거나 자신들이 아는 이야기를 하면 놀랍게도 모두 설교를 잘 듣는다. 오늘 본문은 마태복음 10장 32절이다. 목사는 식사 기도에 관한 이야기를 하였다. 어떤 교인은 다른 사람들이 보고 조롱할까 봐 식사 기도를 안 한다는 것이다. 예수 믿는다는 것이 부끄러운지 목사는 물었다. 교회 다니는 것을 아이들이 알고 있는데 식사 기도가 부끄럽다면 예수를 모른다고 하는 것과 같은 것이라 하였다. 교인들이 이 설교에 집중하는 이유는 자신들의 상황이기 때문일 것이다.

예배가 끝나자 여성들은 밖으로 나갈 준비를 한다. 이들의 얼굴에는 뭔가 배움을 받은 그래서 새롭게 결단한 어떤 모습이 보였다. 이런 은혜의 경험을 또 하려면 일주일을 더 기다려야 한다. 그동안은 물론 신앙에 적대적인 환경 속에서 대부분 살아야 하지만, 이들의 생활 속에 빛은 이미 들어왔다. 항상 기독교 가정에서 자란 사람은 이것이 무슨 의미인지 잘 모를 것이다. 이제 여름이 가고 가을이 오겠지만 봄날의 부흥이 계속되기를 기도한다.

[더 크로니클, 1932년 9월 1일, 4-5]

44. 1933년 여성성경반 이야기

연례 여성성경반이 열렸다. 등록한 학생의 수도 좋았다. 개회 예배에 여성들은 시간에 맞추어 질서 있게 그리고 조용히 앉아 기도를 드렸다. 여성 모임이 이렇게 조용하기가 쉽지는 않지만 말이다. 올해 성경반의 특징은 가장 모범적인 반에게 매일 깃발을 수여한다는 것이었다. 그리고 첫날 모범적인 반을 선포하기 위하여 목사가 일어났다. 150명의 여성은 긴장하며 주의를 집중하였다. 모두 여섯 반이 있는데 그중 1반과 2반이 가장 숫자가 많았고, 4반이 가장 적었다.

"모두가 질서 있게 잘 모여 공부하였기에 깃발을 모든 반에게 수여하면 좋겠습니다. 그러나 1반에 새 신자가 가장 많기에 다른 반보다 좀 더 모범적이었습니다. 깃발을 1반에 수여합니다."

둘째 날은 더 많은 여성이 모였다. 2백 명이 넘는 여성과 소녀들이 출석하였다. 깃발은 어느 반으로 갔을까? 목사의 말에 여성들이 이렇게 집중한 적이 있었던가. 그는 다시 한번 1반에 깃발을 수여하였다. 1반이 강의를 들을 때 더 고개를 끄떡이며 반응을 하였고, 조용했다는 이유였다.

경쟁은 더 심화하였다. 삼 일째 되는 날이었다. 나이가 많고 문맹인 5반을 제외하고 다른 모든 반은 깃발을 기대하였다. 목사는 말하였다. "나는 각 반이 어떻게 모이는지와 모이면 줄과 열이 맞는지도 보았습니다. 모두가 잘하고 있어 어떤 반에게 깃발을 줄지 결정하기 어려웠습니다. 그런데 3반의 학생들이 모두 배지를 달았고 다른 반에는 없는 여성들이 있었습니다. 그래서 깃발을 3반에 드립니다." 그 후 여성들은 배지를 찾아 모두 착용하였다!

넷째 날에는 4반이 자신들이 깃발을 받을 것이라고 확신하였다. 그러나 이번에 출석부의 결석과 지각 현황을 보고 2반에 깃발을 수여하였다. 그중 6반이 제일 긴장하였다. 6반은 4년의 공부를 마친 학생들로 글도 모두 잘 읽는다. 그 반의 한 여성이 불평하였다. "나는 매일 일찍 오고 줄도 잘 맞추어 앉고 공부도 집중하는데 소용없어요!" 이제 이틀 남았는데 2개 반이 아직 깃발을 못 받았다.

다음 날에는 4반이 보상을 받았다. 그들은 결석자들을 찾았고, 늦게 오거나 떠드는 자를 꾸짖었고, 대답도 한 목소리로 하였다. 깃발이 자신들에게 주어지자 그들은 탄성과 안도감으로 즐거워하는 모습이었다. 그들은 자랑스럽게 깃발을 높였고, 저녁 식사 시간에도 그것을 가지고 다녔다.

마침 목사의 아내가 6반에 있었다. 그 반의 학생들은 6반이 마지막 깃발을 받아야 한다고 목소리를 높였다. 자신들의 반에 결석자와 지각하는 자가 있기는 해도 말이다. "우리는 내일 꼭 받아야 합니다." 그들은 결국 마지막 깃발을 받았고, 매우 기뻐하였다.

깃발은 우리 성경반을 더 발전시켰다. 그런데 어떤 이가 제안하였다. 여성을 제일 많이 보낸 교회에도 깃발을 주어야 한다고 말이다. 교회의 크기와 상황을 고려하며 생각하니 시골의 한 교회가 가장 많은 여성을 성경반에 보냈다. 그 교회는 부흥하는 교회는 아니었고, 5년 전에는 없어질 뻔한 상황도 있었다. 그러나 어린이들이 있었고, 정기적인 성경반이 시작되었다. 성경반은 잘 운영되어 토요일로 반을 옮겼다. 교사는 토요일에 아이들을 가르치고 주일은 그 마을에서 예배를 인도하였다. 이웃 마을도 그 교사를 요청하여 김 부인은 주일 저녁 그곳에서도 예배를 인도한다. 이 지역에서 여성 23명이 성경반에 참석한 것이다.

마지막 날 그 교회에도 깃발이 수여되었다. 그 교회 여성들은 자랑스럽게 깃발을 들고 마을로 돌아갔다. 10~12마일 정도 거리이다. 그들은 자신들의 예배당에 깃발을 걸어두어 여성들의 열정과 신앙을 증언하였다. 연례 성경반은 이렇게 개개인 학생뿐만 아니라 그 마을 교회에도 특별하고 의미 있는 모임이다.

〔더 크로니클, 1933년 5월 1일, 8-9〕

45. 총회의 환영

지난 10월 2일 오후, 스키너, 스코트, 레거트, 진 데이비스를 환영하는 예배가 총회 회관에서 열렸다. 매튜 여사가 사회를 보았다. 찬송과 성경 봉독 후 대처 여사가 중보기도를 하였고, 매튜 여사가 그들을 한 명 한 명의 이름을 부르며 적절한 말로 환영하였다.

한국에서 온 선교사들도 각각 감사의 인사를 전하였다. 스코트 양은 고향에 다시 돌아와 영감적이고 기쁘다고 하였다. 그리고 한국의 선교 활동을 전적으로 후원해주는 회원들께 감사하였다.

캠벨 양이 감사기도를 드린 후, 회중은 찬송을 불렀고, 레거트 목사가 축도하였다.

[더 크로니클, 1933년 11월 1일, 3]

46. 명덕학교 건립

거창선교부의 다음과 같은 요청을 승인하다.

"학교 건물 완성 후에 6년 과정의 소학교 과정을 신청하기로 하다."

[더 레코드, Vol 23, 73쪽, 1936]

47. 서오성의 책임

학교와 유치원 교장, 성경학원 강의, 어린이 사역 전도부인 감독, 거창선교부 회계.

(더 레코드, Vol 23, 100쪽, 1936)

48. 거창교회와의 협약

호주선교회는 명덕학교를 계속 운영한다는 목적으로 명덕학교와 유치원, 그리고 부속 대지를 거창교회에 다음과 같은 조건으로 대여한다. (1) 교회가 현재 학생들을 책임지는 것으로 여긴다. (2) 언제라도 학교가 운영되지 않으면, 선교부가 건물, 땅, 그리고 설비를 다시 통괄한다. (3) 교회가 건물관리의 책임을 진다. 이 협약은 2년 후 (1941년 3월 31일)에 효과가 상실되며, 재협약할 수 있다.

(더 레코드, Vol 26, 20쪽, 1939)

49. 서광의 명덕여교

문제중에 잇던 경남 거창명덕여학교는 지금으로부터 이십삼년전 즉 일찬구백십륙년에 호주선교회 계통에서 설립하게되어 매년 일백삼사십명의 아동을 수용하여 왓스며 금년에 제십구회 졸업생을 내개 되엇다. 종래에는 사학년제이던 것이 재작년 즉 소화 십이년도부터 육학년제를 실시하게 되엇스며 연년히 붙어 가는 학생으로 인하여 교사가 협착할뿐 아니라 퇴페하여젓슴으로 거창읍 죽전리에다 총공비 일만이천여원을 들여 교사를 신축이전하여 그 내용과 외판을 일층확장하고 거창지방 사학계로서는 유일한 존재를 점하여 일반사회에 끼치는 교육공덕이 불소하던바 선교회측의 근본목적 달성에 불합리하다는 이유로 폐교설이잇서 거창사회로서는 중대한 문제가되어 그후계에 고심초조하든중 다행히 거창장로교회에서 인수경영하게되어 신축교사는 동선교회 경영인 진명유치원으로 사용하기로하고 구교사는 이개년기한으로 무료대여한다는 조건으로 지난 삼월 이십일에 정식 인계수속이 완료되어 그 설립자겸 교장으로는 윤성봉씨가 피임되여 비운에 빠졌던 명덕여교 문제도 이로부터 명랑한 해결을 보게되어 오는 사월 십칠일부터 개교하리라한다.

[조선일보, 1939년 4월 3일, 3]

50. 조선의 은인

이국에 와서 처녀의 몸으로 20여 년 동안을 이 땅의 여성 교육을 위하여 희생 봉사한 조선의 은인이 조선을 떠나 옛 고향으로 돌아간다고 한다.

그는 현재 경남 거창 명덕여학교 교장으로 있는 서오성(56) 양으로, 호주 빅토리아에 본적을 두고 본국에서 '지루몬' 성경학교와 '메루본' 신학교를 졸업하고, 지금으로부터 23년 전 즉 1916년 5월에 외지선교사로 임명되자 이 땅으로 파송되어 거창 명덕여학교를 설립하고, 동 학교 교장으로 시무케 되어 이래 이 땅의 여성 교육을 위하여 헌신하여 오던 바, 부득이한 사정으로 인하야 전기 학교를 거창장로교회에 인계하고 정든 이 땅을 떠나 고향으로 돌아가게 되었다 한다.

[조선일보, 1939년 4월 3일, 3]

51. 명덕여학교 개교식

호주선교회 계통에서 설립하야 이십오년이라는 오랜 력사를 가졌을뿐 아니라 그 내용이 충실하야 거창지방 사학계로는 유일한 존재로 되어 잇는 거창명덕여학교는 선교회측의 근본적 달성에 불합리하단 이유로 지난 학기 말로 폐교를 하게 되어 거창장로교회에서 인수경영하게 되엇다함은 기보한바어니와 그동안 학생모집과 기타내용에 잇어 만반 준비를 마치고 지난 십팔일 오전 열한시에 거창장로교회 광장에서 내빈 다수 참석으로 윤 교장의 뜻기픈 개회사를 비롯하야 개교식이 거행되엇는데 신입생도는 오십여명으로 전교생도의 총수 일백오십여명이라한다.

[조선일보, 1939년 4월 22일]

52. 다시 한국으로

스코트 양은 휴가 기간보다 한 달 이른 10월에 멜버른을 떠나 한국으로 갈 계획이다. 의사가 동의한다는 전제하에 그녀의 계획을 승인하다.

스코트 양은 어떤 음식은 한국에서 구매하기 불가능하다고 하였다. 후원자들은 필요한 물품을 호주에서 기꺼이 구매하여 한국에 보내기로 하다.

[빅토리아여선교연합회 회의록, 1940년 6월 18일, 총회 회관]

53. 환송회

10월 8일 화요일 저녁, 캐서린 맥켄지 양과 스텔라 스코트 양을 위한 환송예배가 스코트교회에서 아름답고 인상 깊게 진행되었다. 매튜 목사가 맥켄지에게 권면하였고, 캠벨 양이 스코트에게 권면하였다.

예배 후반에 성찬식이 거행되었다. 이 두 명의 선교사는 한국으로 가는 배를 타기 위하여 다음 기차를 타고 시드니로 떠난다.

[더 크로니클, 1940년 11월 1일, 9]

54. 한국 입국이 거절되다

(중략) 우리의 배는 고베에 도착하였다. 우리가 항구에 내리자 검사관이 우리의 가방을 조사하였다. 보통 담배 등을 조사하는데 이번에는 일본 돈을 조금만 가지고 나가라는 것이었다. 맥켄지 양과 나는 대부분 돈을 일본 돈으로 가지고 있었다. 돈을 많이 휴대한 승객은 다시 배로 올라가야 하여서 우리는 배에 일본 돈을 두고 내렸다. 거리는

한산했다. 추석인데도 쇼핑하며 즐거워하는 일본인의 모습을 볼 수 없었다.

다음 날 일요일 아침, 한 무리의 선교사가 어제 한국을 떠났다는 소식을 신문에서 읽었다. 우리는 그들이 이곳 항구에 도착하는 모습을 보았었다. 그들 대부분을 우리는 안다. 아름다운 건물의 유니온교회에서 그들과 함께 예배를 드렸다. 예배는 훌륭하였지만, 긴장감이 흘렀다. 그들은 고베에 하루만 머물렀다.

예배 후 나는 캐나다장로교회 영 목사와 대화를 나누었다. 그는 우리가 한국으로 들어간다는 말에 매우 놀랐다. 미국인 대부분이 이미 떠났고, 캐나다인 부인과 아이들도 이미 한국을 떠났다고 하였다. 선교회 행정을 마치는 몇 명만 남아있다는 것이다. 그는 우리가 한국에 들어가므로 그곳 사람들을 어렵게 할 것이라 하였다.

나는 그의 말을 주의 깊게 들었지만 동의하지는 않았다. 나는 다시 배로 돌아가 심각하게 생각하였다. 그리고 우리의 짐 중에 몇 개를 다시 돌려보낼 결정을 하였다. 지금 한국의 상황에 적절치 않은 물건들이었다. 이것은 재정적으로도 큰 손실을 의미한다. 나는 직원에게 물었고 그는 내가 어떻게 해야 할지 말해주었다. 나는 갑판에 앉아 기도하며 계획하며 맥켄지 양이 돌아오기를 기다렸다. 그녀는 오랜 친구를 만나느라 아직 배에 오르지 않았다. 나는 계속 고민하면서 예전 던 양이 한 말이 생각났다. "그러나 어떤 것도 나의 마음을 움직이지 못했다."

배의 선장과 영사관 대표 그리고 아까 그 직원이 나에게 다가왔다. 영사관 대표는 내가 왜 한국 입국을 하지 말아야 하는지 설명하였다. 이미 그곳에 있는 사람을 출국하게 하는 것이 현재 매우 심각한 일이라는 것이었다. 모두의 안전을 위하여 그것이 좋다고 하였다. 그것은 또한 이 불확실한 시기에 영국을 돕는 것이라 하였다. 나는 선교사 활동을 위하여 한국행을 계속하기 원한다고 하였다. 그는 다시 말하였다. "두 명의 선교사가 지금 한국에 입국한다면 우리의 계획은 무너지고, 그곳에 남은 사람들을 탈출시키는 것까지 불가능하게 될지 모릅니다." 선장도 그의 말을 지지하며 내가 배에 더 무를 수 있게 해 주겠다고 하였다.

우리는 30분가량 논쟁하였고, 나는 배에 계속 머물 생각이 없었다. 그러다 갑자기 내 입에서 다음과 같은 말이 흘러나왔다. "알았습니다. 그 충고에 따르겠습니다." 내가 말했다기보다 그 말이 내 입에 담기었다. 맥켄지 양도 돌아왔고, 나는 기도하고 생각하고 다시 기도하였다. "나는 왜 나의 일을 계속할 수 없을까?" 나는 우리의 선교나 나의 활동이 끝났다고 생각하지 않았다. 그러나 48시간 후에 우리는 모지를 떠났다.

우리는 한국과 호주에 전보를 쳤다. 그 결과 한국의 라이트 목사가 부산선교부를 대표하여 10시간을 걸려 우리를 만나러 건너왔다. 그와 그가 가지고 온 편지에 따르면 한국에 가도 당분간 적극적인 활동을 못 하리라는 것이었다. 그리고 우리의 존재가 한국인 친구들에게 위험할 수 있다는 내용이었다. 그도 한국을 떠날 생각이며, 우리가 가지고 온 그의 짐도 한국으로 보내지 말라고 하였다. 그가 떠나는 뒷모습을 우리는 슬프게 보았고, 얼마 후 우리도 항구를 떠났다.

호주로 돌아오는 배는 빨랐다. 때로 태풍이 불고 파도도 높았다. 여러모로 힘든 항해였다. 나는 하나님의 목적은 어떤 방법으로든 이루어지리라 믿는다. 그가 인도하셨고 인도하시리라는 믿음이 필요할 뿐이다. 한국과 일본의 기독교인을 위하여 우리 모두 기도하자. 그들의 증언자들이 '해외선교사'보다 그리스도가 만민의 주이심을 더 잘 전할 수 있게 말이다.

[더 크로니클, 1941년 2월 1일, 10-12]

55. 감사의 기록

스코트는 오랜 기간의 선교 활동 기간 남성 선교사가 공석이던 거창의 선임 사역자로 큰 책임을 감당하였다. 그녀는 또한 여성성경학원에 교사로 그리고 교장으로 가치 있는 공헌을 하였고, 명쾌하고 지혜 있는 그녀의 사고력은 선교사 공의회의 여러 가지 문제를 해결할 수 있도록 하였다. 우리는 한국에서든지 호주에서든지 하나님의 나라를 위한 그녀의 미래 사역에 기쁨이 가득하길 기도한다.

[더 크로니클, 1941년 4월 1일, 2]

56. 명덕학교의 공헌

선교사들의 교육 활동은 이 지역 근대 학교의 모델이 되었고, 아동교육과 여성 교육, 그리고 유치원 설립을 통해 조기 교육을 강조한 것은 새로운 교육 운동이었다. '성호사설'을 썼던 이익 같은 이도 "여성에 있어서 무식은 덕이니라"고 하였으나, 선교 학교는 유교적 남존여비 사상을 타파하고 여성에게도 동등한 교육의 기회가 주어져야 하며, 여성도 남성과 동일한 교육의 대상이라는 점을 확인시켜 주었다.

[거창교회 백년사, 2009, 129]

4장
프레더릭 매크레이(맹호은)의
보고서

(Frederick Macrae, 1884-1973, 한국명: 맹호은)

1. 거창선교부 설립을 책임 맡다

결혼한 남성이 동역자로 곧 보내지는 대로 매크레이가 거창선교부 설립을 책임지기로 엥겔이 동의하고 아담슨이 제청하다. 통과되다.

[호주선교사공의회 임시회의, 부산진, 1912년 1월, 29]

2. 두 명의 할머니

커를 박사[9]와 나는 막 북쪽 지역을 방문하고 돌아왔다. 우리가 본 것을 다 쓰려면 편지가 길어질 것이다. 우리는 510리(170마일)을 다녔고, 여덟 교회를 방문하였는바 그중 한 교회는 우리 지역에서 가장 높은 곳(2100피트)에 있고 아마도 가장 접근하기 어려운 곳이다.

늦은 저녁 우리는 작은 시냇물을 건넜다. 그곳에는 시냇물을 따라 작은 마을이 길게 있었다. 마을 중간에 나무가 있는 공터가 있는데 그곳에 작은 불이 타오르고 있었다. 다가가 보니 종소리가 들렸고 무

---

9) 휴 커를 선교사, 진주 배돈기념병원 설립자

슨 의식이 진행되고 있었다. 나무 식탁 위에는 음식도 놓여있었다. 그리고 그 옆에 젊은 여성이 땅에 웅크리고 앉아 있는 모습이 불빛에 보였다. 그녀는 무언가 안고 있었는데 자세히 보니 아기였다. 아기의 얼굴은 조롱박으로 덮여 있었다. 조금 떨어진 곳에서는 한 사람이 큰 징을 치고 있었다.

그 중심에는 한국인 늙은 무당이 있었다. 불과 식탁 주위를 돌며 춤을 추더니 작은 막대기로 아기 얼굴에 덮여 있는 조롱박을 쳤다. 그러면서 그녀는 무슨 주문을 끊임없이 중얼거렸다. 마침내 조롱박이 아기 얼굴에서 떨어져 나갔다. 무당은 엮은 짚에 불을 붙여 아기 얼굴 위에 서너 번 흔들었다. 불이 꺼지자 사람들은 식탁을 치우고 집으로 사라졌다. 그리고 어둠만 남았다. 아픈 아기를 위하여 모친이 무당을 불러 악령을 쫓기 원했을 것이다. 남은 어둠은 그녀 마음의 어둠에 비하면 아무것도 아니었다.

사흘 후 우리는 거창의 우리 집에 앉아 있었다. 교인들은 예배를 마치고 다 돌아갔다. 73세 되는 할머니가 들렸다. "나는 무식합니다. 일 년 전부터 예수를 믿기 시작하였습니다. 눈도 거의 보이지 않아 성경을 읽지 못합니다. 무엇을 새로 배울 마음도 없습니다. 그저 예수를 믿고 싶은 마음뿐입니다."

이 이야기 속의 두 명의 할머니는 무지하고 부자도 아니다. 그러나 한 할머니는 하나님의 모든 풍성함 속에 진정한 부자이다.

거창의 주일 아침, 거의 백 명이 되는 교인이 아침 예배를 위하여 11시에 모였다. 이 중에 30명은 수세자이고, 이 주변의 교회를 대표한다. 어떤 이는 15마일 혹은 20마일을 걸어왔다. 성찬식에 참여하기 위함이다. 수개월 만에 이 지역에서 성찬이 거행되므로 우리 모두에게 힘을 주는 예배였다. 매우 단출한 성찬 상이었다. 일반 상자 위에 보통의 접시와 컵이 놓였다. 이런 간단한 성찬 위에 그리스도는 특별

한 방법으로 임재하신다.

('더 메신저', 1912년 3월 22일, 179)

3. 조상제사 때문에

이틀 전 점심 즈음에 우리는 함양읍내에 도착하였다. 이곳에 우리는 한때 활발하게 활동하던 교회가 있었다. 우리가 도착할 때 보통 우리를 맞이하는 교인들의 환영이 이번엔 없었다. 교회로 가보았더니 잡풀만 무성하였고 예배당은 더럽고 버려진 상태였다. 그런데 어떤 가정이 예배당 한쪽에서 살고 있었다. 대부분 교인은 떠났고, 어떤 교인은 실망하였다.

그런데도 나이 든 교회의 지도자는 이방 의식 포기를 거부하고 있었다. 이것이 교회에 악영향을 미친 것이다. 그는 그 지역 가문의 수장으로 집안에서 자신의 의무인 제사를 포기 못 하는 것이다. 함양읍 교회를 위하여 기도해 달라. 뿌려진 좋은 씨앗이 마르지 않도록 말이다.

('더 메신저', 1912년 3월 29일, 195)

4. 함양의 어려움

　　북쪽의 거창을 책임 맡은 매크레이는 자신의 교회 순회를 위하여 수백 마일을 다니고 있다. 함양에서의 사역은 매우 안 좋은 상황이다. 그곳의 퇴보하는 교인들을 위하여 기도해 달라. 다른 곳에서는 안정적으로 사역이 진행되고 있다. 거창에 새 선교부가 설립되면 그곳의 교회들을 더 잘 감독할 수 있을 것이다. 넓은 지역의 교회를 감독하며 한국어 공부를 하는 것은 거의 불가능한 일이다.

('Our Missionaries at Work', 1912년 6월, 14)

5. 시장의 풍경

　　어떤 나라든 시장은 그곳 사람들의 생활 양식과 가치관을 보여준다고 나는 생각한다. 이것이 한국에서는 더욱 그러하다.
　　진주의 시장은 아마 수백 년은 된 것 같다. 군중들은 여전히 시장을 천천히 걸으며 배회한다. 손님은 물건을 무관심한 듯 살펴보고, 주인은 받고 싶은 가격의 두 배를 일단 부른다. 마치 물건을 거의 거저

준다는 듯한 말투이다. 길가에는 한 남성이 성냥을 쌓아놓고 팔고 있다. 10상자에 4분의 3다임이다. 그 옆의 남성은 대조되는 물건을 팔고 있었는데 칼과 땔감이다….

우리 왼편에는 조선어책을 파는 매대가 있었고, 왼편에는 한 일본인이 불이 켜지지 않는 램프와 울리지 않는 전기 벨과 금방 '죽는' 전자시계를 팔고 있다. 그 옆에는 한 상인이 말 털로 만든 아름다운 모자를 팔고 있었지만, '영국제'라 쓰인 모자들은 대부분 다른 곳에서 만든 모조품이다.

한 무리의 여성은 단고기를 팔고, 한 무리의 남성은 짚신을 팔고 있었다. 그러나 가장 많은 음식은 마른 생선이나 '싱싱한' 생선 그리고 미역이었다. 이곳에서 나는 냄새는 절대 잊을 수 없는 경험이다. 나는 한 남성에게 특히 공포스럽게 보이는 미역이 맛있는지 물었다. "예 그렇습니다. 한번 먹기 시작하면 계속 먹고 싶습니다." 정말 그렇다면 나는 시작하지 않을 것이다.

우리는 시장을 '구경'하러만 오지 않았다. 전도하기 위하여 왔다. 군중을 지나 좀 더 걸어가니 넓은 길이 나왔다. 그리고 그 끝에는 매대도 없었고, 사람도 드물었다. 그곳에 있는 돌무더기 위에 우리는 자리를 잡았다. 내가 코넷을 불기 시작하자 사람들이 몰려왔다. 군중은 인내하며 나의 코넷 음악을 들었다. 그들은 무엇인가 기대하며 한 시간 정도는 더 머물 것 같았다.

그렇다고 군중이 복음을 듣기 원한다고 추측하는 것은 금물이다. 복음을 알지 못하는 사람들은 목마름도 없기 때문이다. 단순한 호기심으로 이들은 모인 것이다. 지난 9-10개월 정도 시장에서 계속 전도한 결과 이제는 몇 사람이 흥미를 느끼고 복음을 듣기 위해 기다렸다. 물론 몇 명의 기독교인도 군중 속에 섞여 있었다. 찬송가를 마치자 나와 함께 한 한국인이 전도하기 시작하였다. 시장에서는 선교사보다 한국인 전도자가 앞장서야 한다.

전도자: "여기는 무엇 때문에 왔습니까?"

군중1: "외국인을 구경하기 위해서요."

전도자: "가까이서 잘 보기 원합니까?"

군중1: "네."

전도자: "하늘나라에 가면 거기서 구경을 잘할 수 있습니다."

군중2: "음악 소리를 듣기 위해서 왔습니다."

전도자: "하늘나라에는 더 아름다운 음악 소리가 있습니다."

(한국인 전도자는 꽤 기술 있게 군중과 대화하며 전도하였다.)

전도자: "하나님은 여러분을 사랑하시고, 하늘에 집을 주시고, 구원하십니다. 주님은 말씀하셨습니다. '무거운 짐 진 자들아 다 내게로 오라 내가 너희를 구원하리라.' 거기 등짐 진 분, 하나님이 오라고 하십니다. 거기 물동이를 인 여성분 하나님이 구원하십니다. 마음속에 무거운 짐이 있는 분들, 하나님이 부르십니다."

우리는 서너 권의 성경을 팔았고, 수십 장의 전도지를 나누어 주었다. 마지막으로 찬송을 부르고 전도를 마쳤지만, 큰 관심을 가지는 몇 명과는 대화를 이어나갔다. 여러분은 아마 궁금할 것이다. 그래서 어떤 열매를 맺었는가? 큰 열매는 없었다. 누가 교회에 나왔는가? 그것도 아니다. 그럼 전도는 소용없었는가? 확실하지 않다. 다만 약속의 말씀이 있다. "네 식물을 물 위에 던지라. 여러 날 후에 도로 찾으리라."

('OMW', 1912년 6월, 26)

6. 페이튼에게 보내는 편지

친애하는 페이튼 목사님께,

연말에 나는 나의 지역에 있는 교회를 모두 방문할 계획을 세웠었습니다. 그러나 그것은 나의 바람뿐이었습니다. 아프고 열이 좀 있었지만, 의료 직원들의 노력으로 나는 다시 일터로 복귀할 수 있었습니다. 그 이유로 나는 나의 지역 교회들을 반 정도만 방문할 수 있었습니다. 거창 지역의 교회만 모두 방문한 것입니다.

하나님은 내가 계획한 대로 움직이지 못하게 하셨습니다. 교회도 다 방문하지 못하였지만, 한국어 시험도 기대한 대로 보지 못하였습니다. 나의 교사 형제가 아파 그는 나와 함께 오지 못하였고, 나의 조사 모친도 병중이라 그도 나와 함께 다니지 못하였습니다. 성서 공회의 매서인 한 명만 나와 동행할 수 있었습니다.

내가 방문한 교회 중에 진정한 성장이 있다고 보고할 교회는 없습니다. 그러나 후퇴한 교회도 없기에 하나님께 감사드립니다. 교인 중에 죽거나 이사하였거나 혹은 교회에 안 나오는 교인들이 있었습니다. 교회에 대하여 마을의 강한 저항은 없지만, 이방적인 분위기에 압박을 받는 듯합니다.

고무적인 소식도 있습니다. 지금의 두 교회 사이에 새 예배 모임이 생겼고, 이곳에서 10마일 되는 산속 마을에도 교회가 생겼습니다. 이 두 사실이 우리를 기쁘게 하며 앞으로 나아갈 용기를 줍니다.

거창에 새 선교부가 생기는 것에 큰 열망을 가지고 기대하고 있습니다. 그곳의 교회들은 언제 선교부 건물이 세워질 것인지 우리에게

묻습니다. 그리고 예배 시 드리는 기도마다 교인들은 호주의 교회를 축복하고 있으며, 하나님의 선하심에 감사를 드립니다.

이곳의 작은 교회들은 적지만 헌금한 돈을 해외선교부로 보내며 다음과 같이 말합니다. "만약 영국과 호주에 해외 선교가 없었다면 우리가 어떻게 복음을 들었겠습니까. 이제 우리가 복음을 듣지 못한 사람들을 도울 차례입니다."

나는 두 주 동안 만주에서 휴가를 보낼 생각을 하고 있습니다. 그리고 돌아오는 길에 서울 근교에서 열리는 학생 대회에 참석할 것입니다.

이곳 선교부의 일은 진전되고 있습니다. 맥라렌 박사 부부는 이제 자신들의 사택에 들어왔고, 병원의 지붕도 완성되었습니다. 선교부의 지경에 점차로 울타리가 쳐지고 있고, 길과 하수도도 보수되었습니다. 허술한 하수도로 인하여 우리는 장마 때마다 스트레스를 받았습니다….

우리는 고향에 있는 여러분의 기도에 동참합니다. 그분은 촛불이나 태양 위에 계신 분이고, 그 빛은 세상의 빛으로 이곳과 전 세계를 곧 비출 것입니다.

('더 메신저', 1912년 8월 16일, 515)

7. 노방전도

지난해 동안 정확히 몇 곳의 시장을 다녔는지 통계는 없지만, 대략 40~50곳이다. 진주를 포함하여 북쪽으로는 거창, 남쪽으로는 남해까지이다. 매서인이 정기적으로 파는 성경 외에 우리는 시장에서 약 300권의 복음서를 팔았다. 그리고 수 천장의 전도지를 나누어 주었다.

이 사역에서 눈에 띄는 어떤 결과물이 있다는 증거는 없다. 그러나 나는 이것이 전도 활동을 비난하는 것이 아니라 오히려 칭찬하는 것이라고 믿는다. 그것은 그 '씨앗'이 얼마나 '멀리 날아갔는가'를 증명해 주기 때문이다. 언젠가 추수할 날이 있다는 것을 나는 확신한다.

('OMW', 1913년 1월, 24)

8. 성기리교회 설립

동년(1913)에 거창군 성기리교회가 설립하다. 선시에 선교사 맹호은의 전도와 권서인 오형선의 전도로 신종자 다하여 설립하니라.

('조선예수교장로회 사기(하)', 188)

9. 만주로 떠나는 행렬

많은 한국인이 만주로 떠나고 있다. 거창 지역에도 큰 인원이 떠나고 있다. 거창교회에 남성 1명만 남을 것이다. 우리의 책임도 이들을 따라가야 한다고 나는 믿는데, 만주에 편지를 쓰고 있다. 조선장로교회도 이 문제를 심각하게 받아들이고 있다고 들었다. 하나님이 이들을 돌보아주시기를 간절히 기도한다.

('OMW', 1913년 4월, 8)

10. 사택 후원금

총회 재정부에 4월 9일부터 15일까지 접수된 선교 후원금.
한국 선교: 거창의 프레더릭 매크레이를 위한 투락교회 감사 헌금, 100파운드, 2실링, 6펜스.

('더 메신저', 1913년 4월 18일, 247)

11. 청년 설교가

　불쌍한 매크레이는 세상적인 일에 열중하고 있다. 그는 진주선교부의 회계로 늘어나는 봉급 명단으로 바쁘다. 그는 또한 거창선교부를 설계하고 있다. 한국인 교사는 그에게 한국어 공부를 재촉하고 있다. 그는 또한 그곳 선교부의 '핸디 맨'이기도 하다.

　동시에 그는 시골 지역 순회를 하고 있다. 어떤 지역에서는 그를 '청년 설교가'라고 한다. (나이야 어떻든 아직 결혼을 안 해서일 것이다.) 최근 그는 자신의 지역에서 세례를 베풀어 우리의 기도 시간에 감사기도를 드렸다. 그의 한국어가 아직 부족하지만, 마침내 그도 한국어로 세례 집례를 하여 동역자들이 모두 기뻐하였다….

　제임스 켈리는 현재 진주에서 겨울을 나고 있다. 그는 곧 거창의 목사관에 모습을 드러낼 것이다. 아직 공식적으로는 선포되지 않았지만, 켈리와 매크레이는 거창을 선교 거점으로 세울 것이다. 그곳은 또한 주일학교 중심부가 될 것으로 이해하고 있다.

프랭크 페이튼
('더 메신저', 1913년 4월 25일, 259)

12. 거창선교부 설립

6월 18일 거창에 새 선교부가 설립되었다. 매크레이는 거창 지역의 사역을 위하여 특별히 기도를 요청하였다. 여러 곳에서 진보가 보인다고 그는 말하였다. 거창 사람들은 자신들과 함께 살러 온 켈리 부부와 매크레이를 따뜻이 환영하였다.

프랭크 페이튼
('더 메신저', 1913년 9월 12일, 579)

13. 거창교회의 첫 세례

1913년 호주선교사 맹호은, 길아각 두 분이 와서 협력 전도를 하니 교회가 점차로 발전을 하여 교세가 1백 명으로 확대되었다. 이때 처음으로 세례식을 거행하니 오형선, 조재룡, 주남고, 유응춘, 유기도 등이 세례를 받고 세례교인이 되었다.

('거창교회 백년사', 138)

14. 함양 읍내의 부흥

현재 나는 작은 방에 묵고 있다. 혼자 있지 않은데 5~6천 마리의 파리와 각종 벌레와 함께 있다. 오래된 벽은 더러운 모습이며, 이 작은 방에서도 움직이는 것이 두렵다. 왜냐하면, 수년간 쌓인 세균이 내 몸 안으로 들어올 수 있기 때문이다. 그러나 그것이 뭐 그리 대수이겠는가? 나에게 방을 내준 남성은 새 신자이다.

이 교회를 볼 때 나는 여러분과 연관 지어 생각한다. 여러분이 보았을 때는 매력적인 교회였다. 그런데 그 후 교인 수가 점점 적어지더니 여성 한 명만 남았다. 작년에 우리는 이곳을 더는 교회로 간주할 수 없었고, 기도만 할 뿐이었다.

그런데 두 달 전 어느 주일 나는 젊은 부부를 만났다. 그들은 갈 곳도 없었고, 일할 곳도 없었다. 나는 비어있던 이 교회를 생각하고 이곳에 가 전도하며 살아보라고 하였다. 그때부터 이 교회에 주일예배가 다시 시작되었다. 한 달 전에는 한 조사가 이곳을 방문하여 친구가 많은 한 지식인 장년을 만났다. 그는 작은 사업을 하고 있었지만 가난하였다. 조사는 그에게 전도하였고 흥미가 있던 그는 교회를 돕기 시작하였고 전도 활동도 하였다. 지금 나는 그의 집에 머물고 있다.

오늘 오후 내가 이곳에 도착하여 예배를 드렸는데 14명이 모였다. 예전의 교인은 한 명밖에 없어 슬펐으나 새롭게 시작되는 모습에 기뻤다.

내 방 옆에서 조사와 이 집 주인이 대화하고 있다. 여러분이 그 내용을 들을 수 있었으면 좋겠다. 지식인 주인은 고서에 있는 내용을 말하며 좋은 내용이 아니냐며 하였고, 조사는 한 성경 구절을 말하며 그런 말이 고서에도 있냐고 물었다. 집주인은 그와 비슷한 내용 하나를 꺼냈다. 그렇게 둘은 질문과 답을 몇 번 주고받았다.

마침내 조사는 묻기를 그런 내용을 쓴 사람이 사람들을 돕는지 물었다. 그렇지는 않다는 대답이 있었다. 바로 그것이 문제라고 조사는 말하였다. 예수님은 좋은 말만 할 뿐만 아니라 사람들은 구원한다고 강조하였다.

나는 경찰 서장을 찾았다. 그는 나를 정중히 맞아주었지만, 사람들이 많은 방의 한 작은 의자에 나를 앉히더니 자신은 책상 뒤 큰 의자에 앉았다. 그러나 나는 상관없었다. 나는 30분 정도 그에게 전도하였다. 책상 위의 펜이나 벽의 시계나 대부분 영국의 것을 모방하면서 왜 기독교 신앙은 받아들이지 않느냐고 물었다. 그는 조용히 웃었지만, 대답은 하지 않았다.

나는 개평의 새 교회도 방문하였다. 그곳의 3~4명 남자 청년과 함께 공부하며 찬송하며 즐거운 시간을 보냈다. 이 마을에는 부자와 권세자들이 산다. 이들이 주님을 믿을 수 있도록 기도하였다. 한 부잣집에 아들이 신자인데 그는 나에게 이웃 마을에도 가 전도하자고 제안하였다. 그러나 나는 그때 시간이 없어서 두어 달 후에 가겠다고 하였다. 우리는 항상 두 달 후를 약속하고 막연한 희망을 가진다. 그러나 그 희망이 땅에 떨어지기도 한다.

최근 지도자 성경반에 그가 참석하였다. 자신은 젊은 부자이고 지식인이지만 다른 참석자 대부분이 가난하고 무지한 상놈이라 그는 충격을 받는 모습이었다. 그는 처음에 아무와도 이야기하지 않았다. 그러나 시간이 지나며 이야기를 나누면서 그는 다른 사람들을 존경의 표현인 '형님'으로 불렀다. 그리스도의 사랑이 차가운 마음과 자만심에 들어올 때 그 사람이 어떻게 변하는지는 참 놀랍다.

('더 메신저', 1914년 2월 6일, 99)

15. 첫 제직회

1914년 4월 16일 죽전 소재 맹호은 선교사 댁에서 제1회 제직회를 모이니 선교사 맹호은, 선교사 길아각, 영수 오형선, 집사 주남고, 황보기, 최성봉, 이영근 등 7명이 참석하여 각각 은혜를 나누었다. 그 해 10월 이웃집을 교회에서 매입하여 교회 부지를 넓히고 구 예배당을 헐어 초가 8칸을 새롭게 신축하였으나 점차 교인이 늘어감에 구 예배당을 헐고 기와집 32칸을 신축하게 되었다.

['거창교회 백년사', 138]

16. 낙담한 교인들

한국에서 지혜로운 전도자는 한여름에 순회하지 않는다는 것을 이번에 배웠다. 한여름에, 물론 한겨울도 마찬가지지만, 이곳의 길은 순회하기에 어려움이 너무 많다. 뜨거운 열기에 갈 길은 끝도 없이 이어진다. 산길도 똑같이 덥고, 종종 탁한 물이 빠르게 흐르는 급류도 있다.

그뿐만 아니라 막상 목적한 지역에 도착하면 사람들은 논과 밭에서 바쁘다. 저녁에 그들이 모여도 이미 피곤하여 집중을 못 한다. 이때는 파리와 모기도 극성이라 어려움은 가중된다.

그러나 다른 시각에서 한번 보자. 내가 이곳에 도착하였을 때 16마일 떨어진 기타미라는 마을의 새 교회가 어려움을 겪고 있다고 들었다. 그곳까지 가는 길 중 7마일 정도가 순회하기 적당치 않은 길이라지만 나는 방문하기로 마음을 먹었다. 다음 날 나는 뜨거운 햇볕 아래 나귀를 타고 기타미로 갔다. 막상 도착하니 그곳 사람들이 환영을 해주어 보람이 있었다.

대부분 교인이 어떤 열병으로 누워있었다. 교회의 지도자는 3일 전에 사망하였다고 한다. 믿지 않는 이웃들은 비웃고 있었다. "하하하. 예수 믿는 사람도 죽는구나." 교인들은 낙담하고 있었고, 그들은 너무 무지하여 어떤 대답도 못 하고 있었다.

나는 교인을 모을 수 있는 만큼 모았다. 어떤 사람은 장에 갔다가 내가 왔다는 소식을 듣고 급히 달려왔다. 우리는 찬송을 불렀다. "만세 반석 열리니 내가 들어갑니다…." 찬송 후 기도를 하고 나는 죽음에 관한 고린도전서의 구절을 읽었다.

"그리스도께서 죽은 자 가운데서 다시 살아나셨다 전파되었거늘 너희 중에서 어떤 이들은 어찌하여 죽은 자 가운데서 부활이 없다 하느냐. 만일 죽은 자의 부활이 없으면 그리스도도 다시 살지 못하셨으리라. 그리스도께서 만일 다시 살지 못하셨으면 우리의 전파하는 것도 헛것이요 또 너희 믿음도 헛것이며, 또 우리가 하나님의 거짓 증인으로 발견되리니 우리가 하나님이 그리스도를 다시 살리셨다고 증거하였음이라. 만일 죽은 자가 다시 사는 것이 없으면 하나님이 그리스도를 다시 살리시지 아니하셨으리라…. 만일 그리스도 안에서 우리의 바라는 것이 다만 이생뿐이면 모든 사람 가운데 우리가 더욱 불쌍한 자리라. 그러나 이제 그리스도께서 죽은 자 가운데서 다시 살아 잠자는 자들의 첫 열매가 되셨도다."

나는 잠시 침묵하였다. 교인들이 생각할 시간을 준 것이다. 마침내 한 남성이 입을 열었다. "이 말씀으로 인하여 감사합니다. 이제 우리는 먼저 간 우리의 형제를 이해하고 위로를 받습니다." 아마 이들은 이 구절을 처음 들었을 것이다. 슬픔 중에 있던 이들에게 하나님의 말씀이 힘과 희망이 되었다. 그동안 이웃에게 조롱당하고 박해받던 이들의 얼굴에 비장함이 서렸다. 나는 데살로니가 전서도 읽었다.

"형제들아 자는 자들에 관하여는 너희가 알지 못함을 우리가 원하지 아니하노니 이는 소망 없는 다른 이와 같이 슬퍼하지 않게 하려 함이라. 우리가 예수께서 죽으셨다가 다시 살아나심을 믿을진대 이처럼 예수 안에서 자는 자들도 하나님이 그와 함께 데리고 오시리라."

나는 여러분께 이 지역의 교회가 계속 자랄 것이라고 말 못 한다. 약간의 부흥은 있지만, 아직 잠자고 있는 교회들도 있다. 새 선교사로서 나의 가르침이 미미할지 모른다. 그러나 해가 갈수록 교회의 존재가 이곳에 분명해지고 있다. 큰 존재감도 없고 잠자고 있을지 모르지만, 씨앗이 뿌려졌다. 조직교회로 성장할 날이 머지않았다.

['더 메신저', 1914년 10월 9일, 643]

17. 거창 예배당 건축

밧줄, 문 자재, 못, 볏단, 목수 인건비 등등 12개 정도의 항목으로 비용이 총 21파운드 18실링에 달했다. 거창교회 회의에 그 내용을 알렸다. 새 예배당 건물을 위한 재정 보고였다. 우리는 어느 더운 오후 예배당 안에 앉아서 예전 예배당이 서 있던 마당을 보며 회의를 하였다.

우리는 구 예배당을 기억하였다. 비록 초라한 집이었지만, 우리는 그곳에서 하나님을 만났었다. 거의 7피트 넓이에 20피트 긴 예배당이었다. 강단은 중앙에 있었고, 교인은 남성 한 명에다 빈 벽뿐이었다. 그리고 여성 교인들은 다른 쪽에 터널 같은 곳에 앉았었다. 그 예배당은 한때 가정집이었다.

예배 시간에 찬송을 부르면 예배당 안과 밖에 앉아 있는 교인들의 찬송 음정과 시차가 다르게 들렸다. 조금 다르게 찬송이 끝나도 한국인에게 무슨 상관이 있으랴. 그러나 선교사의 신경은 왜 거슬릴까. '기쁨의 소리'인데 말이다. 즐거운 소리라기보다 '소음'처럼 들릴 때가 있다.

진흙 벽으로 둘러싸여 반쯤 망가져 쓰러져가던 그 작은 예배당은 모든 회중을 수용하지 못하였다. 비가 오거나 아니거나, 춥거나 덥거나 교인들은 밖에도 가마니를 깔고 앉았었다. 그리고 200명까지 마당에 앉았을 때 우리는 교회당 건축을 결정하였다. 건축위원회가 구성된 것이다.

새 교회당을 위하여 땅을 좀 더 매입해야 했다. 교인들은 관대하게 헌금하였고, 노동력도 제공하였다. 땅을 평평하게 다듬었고, 그 위에 석조예배당을 건축하였다. 멀리서부터 흙을 싣고 왔고, 그것으로 벽을 메웠다. 볏짚과 끈을 이용하여 지붕을 이었고, 천장과 벽도 공사하였다.

교회당 마당에 남성들이 한가득 모여 땅을 고르고 목수 일을 돕는 모습이 낯설었다. 이들은 자신의 하루 노동을 포기하고 일꾼처럼 일하였다. 젊은 남성은 삽으로 땅을 파고, 노인들은 그 흙을 날랐다. 그렇다고 여성들이 뒤에만 있지 않았다. 그들도 멀리서 광주리를 머리에 이고 와 흙과 돌을 날랐다. 선교사들도 물론 도왔다.

교회당은 이제 완공되었다. 24 피트 정사각형에 높이는 9피트, 바닥은 나뭇재에 4개의 문을 벽에 달았다. 여름에는 시원하겠지만 추운 겨울이 염려된다. 건축학적 관점에서 보면 교회당이 별로 인상적이지는 않다. 그러나 교인들의 손으로 직접 세워졌다는데 큰 의미가 있다. 건물만 아름다우면 뭐 하겠는가?

이제 교회당 안을 어떻게 채울까? 구 예배당이 있을 때 교인들은 불평하였다. "전도하면 뭐 합니까. 와서 앉을 자리도 없는데요." 지금은 이런 변명이 안 통한다. 교인들은 나가 전도하고 있다. 주일 오후 두 시간씩 마을에 나가 개별적으로 전도하고 있다. 지금 교인 수는 170명 이상이다. 문 주변에 서 있는 사람들은 포함되지 않았다. 매 주일 예수 믿기로 결단한 사람은 일어서라고 할 때 1명 이상은 꼭 있다.

새 예배당도 벌써 거의 다 차 간다. 여성 칸은 거의 매 주일 꽉 찬다. 예배당을 신축한 지 3개월밖에 안 되었는데 더 큰 교회당을 건축해야 한다는 소리도 나온다. 놀라운 일을 행하시는 하나님께 감사드린다.

('더 메신저', 1914년 11월 27일, 755)

18. 삼가, 덕산, 산청

예배처가 여러 곳에 설립되고 있다. 그중 하나는 큰 가능성을 보인다. 산청읍내교회는 성장하지 못하고 있다. 산중에 있는 양반 마을의 덕산 예배처도 마찬가지이다. 소야의 사람들은 매우 가난하여 주일을 지키기 힘들어한다. 우리 지역의 대부분 교회가 이런 공통의 어려운 상황을 못 벗어나고 있다.

동시에 좋은 소식도 있다. 무골에 새 예배 모임이 생겼다. 20명 정도가 모이고 있다. 기타미의 사역도 이제 1년이 조금 넘었는데 새 생명의 징조가 보인다. 교인들이 매우 가난하지만 열심이다. 또 한 교회는 마을의 배척으로 시험을 당하였다. 구 교인들이 떨어져 나가고 집사 부부 하나만 남았다. 그들의 수고로 새 교인 20명 정도가 생겼으며 지난번에 선교사가 방문하였을 때 그들은 과거의 일을 회개하였다. 그러나 가장 좋은 소식은 삼가에 있다. 유일하게 교인이 증가하는 곳이다. 특별한 관심과 돌봄이 필요하다.

(OMW, 1915년 1월, 12)

19. 지도자반

지난 10월에 시골교회 지도자들을 위한 모임이 거창에서 열렸다. 모임은 매크레이의 지도로 시작되었으며, 그는 사역의 여러 방면을 주제로 연설하였다. 그리고 좀 더 효과적인 활동 계획을 위하여 함께 토론하였다. 어려움을 나누며 새 방법을 모색하며 유익한 시간을 가졌다. 지도자들은 서로 교제도 하며 즐거운 시간을 보냈다.

(OMW, 1915년 1월, 42)

20. 벌금에 항의하다

이번 순회는 나에게 아픈 여정이었다. 방문한 8개의 교회 모두 매우 연약하였다. 교회가 없어지지 않는 것이 놀라울 정도였다. "꺼져가는 심지를 끄지 아니하시고" 그 말씀 그대로였다. 그러나 이 지역의 모습이 주님에 대한 믿음을 잃게 하기는커녕 성령이 역사하심을 깨닫게 하였다. 이런 상태에서 어떻게 한 주일도 빠지지 않고 예배가 계속될까.

이 지역들은 거창과 같다. 만주로 이주한 사람들로 인하여 영향을 받은 것이다. 말 그대로 한 교회 전체가 이주한 동네도 있다. 내가 들은 한 가정은 부자는 아니었지만, 그런대로 잘살고 있었다. 그런데 너나 나나 만주로 떠나자 그 가정도 다 정리하고 이주하였는데 그곳에서 배고픔으로 죽어가고 있다고 한다.

이 지역의 주요 도시인 창녕에는 교회가 없다. 이것은 심히 염려되는 일로 우리는 이곳에 예배 모임을 만들기 위하여 노력하고 있다. 노회에서 전도자를 그곳에 파송하였지만, 아직 몇 명의 '믿는 마음'만 있을 뿐이다. 나는 이 문제를 그와 이웃 교회와 상의하였다. 전도할 수 있는 거점이 필요하다는 데 의견을 모았다. 그 일을 위하여 30엔(3파운드)이 필요하다. 지금 이 지역의 모든 교회가 그 일을 위하여 기도하고 헌금하고 있다. 여러분도 그 어두운 곳에 빛이 들어갈 수 있도록 기도해 달라.

켈리와 나는 거창교회 사역을 즐겁게 하고 있다. 거의 매 주일 교회에 '새 신자'가 나온다. 교인들은 거의 매일 저녁 스스로 나가 학생과 문의자들에게 전도하고 가르친다. 켈리와 나는 다른 일이 많고, 나는 부정기적으로 교회에 나오기에 이것은 대부분 교인의 자발적인 신실한 활동이다.

새해에 새벽기도회가 매일 교회에서 열렸다. 어느 새벽에는 59명이 모였는데 한국의 추운 겨울을 이기는 모습이다. 새벽예배는 아침 6시에 열리는데 시계가 없는 어떤 노인은 새벽 3시에 와 문을 두드렸다. 그 이후 주일 새벽예배를 7시에 시작하였고 사람들은 더 많이 참석하였다.

2월 둘째 주 정도에 성서공회에서 사람을 보내 두 명의 매서인을 가르치며 격려하였다. 이들은 함께 전도지와 쪽 복음을 팔았는데 내 기억이 맞는다면 300권이나 팔았다. 최근에 경찰이 이런 모습에 염려하기 시작한 것 같다. 경찰은 매서인을 소환하였고, 5엔 벌금을 부과하였다. 매서인 감독자인 나는 경찰서로 가 '죄목'이 무엇인지 물었다. 경찰은 이들이 강제로 사람들에게 책을 팔았고, 사람들의 집 대문에 낙서했다는 것이다. 그것은 사실 방문한 집을 다시 방문하지 않기 위하여 연필로 표시해둔 것이다.

    나는 터무니없는 죄목이며, 재판도 없었다고 항의하였다. 여러 관원에게 항의한 후 나는 5엔을 냈다. 그리고 이 사건을 서울에 보고하였다. 아직 그 상태 그대로이다. 벌금은 크지 않지만, 전도 책자를 판다고 벌금을 부과하는 것에는 맞서야 한다.

(OMW, 1915년 5월 28일, 339)

5장

제임스 켈리(길아각)의 보고서

(James Kelly, 1877-1959, 한국명: 길아각)

1. 켈리는 누구인가

제임스 켈리는 스코틀랜드에서 출생하였다. 그는 그곳에서 글래스고우대학교를 졸업하고 호주 서부지역으로 와 선교 지원 활동을 하였다. 그 후 멜버른으로 이주한 그는 오몬드칼리지에서 신학을 공부하였다. 당시 그는 몬타그, 피터스버그, 미들 팍, 캉라루 그라운드 등에서 다양한 선교 활동을 경험하였다. 그는 신학교를 졸업하고 크렌본교회의 청빙을 받고 부임하였다. 그곳에서 그는 2년 8개월 동안 성공적으로 목회하는 동안 여러 교회의 부름을 받았다.

켈리는 그러나 한국에서 진행되고 있는 선교 활동에 깊은 인상을 받고 한국에 자원하였다. 그리고 위원회는 그의 신청을 승인하였다. 이곳의 교회는 그를 놓아주기 주저하였고, 그에 대한 자부심이 크다.

(Our Missionaries at Work, 1912년 9월, 6)

2. 첫 주일

1912년 10월 30일 수요일, 오늘 아침 우리는 처음으로 한국 땅의 모습을 어렴풋이 보았다. 마침내 5주간의 항해 끝에 우리가 듣고 읽고 기도하던 나라에 근접하였다. 우리 생애의 새 사역이 시작되는 순간이다. 부산항에서 맥피, 알렉산더 그리고 제임스 맥켄지가 우리를 환영하였다. 역으로 가는 길에 그들은 한 언덕을 가리키며 저곳이 첫 선교사 헨리 데이비스의 무덤이 있는 곳이라 하였다.

부산진에 도착하니 엥겔 부인, 맥켄지 부인, 멘지스가 우리를 환영하였고, 우리는 맥켄지 부부 집의 손님이 되었다. 이틀을 이곳에서 즐겁게 지냈다. 11월 3일 첫 예배를 드렸는데 기억에 남을 만한 시간이었다. 아침 9시 30분 우리는 배를 타고 나환자 요양원으로 건너갔다. 이날은 나환자를 위한 첫 세례식과 상찬식이 있는 날이었다. 우리는 예배에 못 나오는 환자들을 먼저 방문하였다. 그들의 팔과 다리 그리고 몸에 상처가 났거나, 그 한 부분이 떨어져 나간 모습은 매우 애처로웠다.

예배에는 40~50명의 나환자가 모였다. 맥켄지 목사가 예배를 인도하였고 한국인 조사가 설교하였다. 그리고 요양원 역사 처음으로 세례식과 성찬식이 거행되었다. 7명의 여성과 3명의 남성이 세례를 받았다. 나는 물이 담긴 그릇을 들고 있는 것만으로도 큰 영광이었다. 우리의 가슴은 기쁨으로 차올랐고, 주님이 보고 계신다는 느낌을 받았다. 세례를 방금 받은 나환자 형제자매들과 함께 주님의 희생적인 사랑을 기억하며 성찬을 받았다. 나는 장로 대신으로 그들에게 빵을 떼어 주었다. 그들은 두 손을 벌려, 아직 남은 손이 있다면, 그것을 받았다. 포도주잔은 그들의 입에 직접 대 주어야 하였다.

나에게는 이상한 성찬식이었지만 거룩하고 엄숙하였다. 기억에 남을 성찬식 모습이었을 뿐만 아니라 한국인들과 함께 성찬식에 참여했다는 것이 특권이었다. 비록 이들의 몸은 병에 걸렸지만, 성찬을 통하여 죄의 나병은 깨끗함을 받았다.

성찬식 후에 나는 요한복음 15장 9-10절[10] 말씀을 나누었다. 한국인들의 눈과 귀는 모두 나에게로 쏠렸다. 맥켄지 부인이 통역하였다. 엥겔, 맥켄지, 니븐이 이들을 위한 고결한 목회를 하여 왔다. 니븐은 매주 한 번 이들을 방문하여 여성들을 가르친다.

[더 메신저, 1913년 2월 14일, 99]

3. 아내의 독창

우리는 이곳 진주선교부에 6~7개월 정도 머물 것이다. 내년 3월이나 되어야 우리의 집 건축이 시작될 것이다. 우리는 맥라렌 박사 부부 집에 지난 6주 머물렀고, 지금은 라이얼 목사 집에 있다. 우리 부부는 언어공부를 열심히 하고 있다. 아내는 큰 진보를 보이는데, 지난주일 교회에서 한국어로 '주 달려 죽은 십자가'를 독창으로 불렀다.

1912년 12월 20일. 진주에서.
[더 메신저, 1913년 2월 7일, 83]

---

10) 아버지께서 나를 사랑하신 것 같이 나도 너희를 사랑하였으니 나의 사랑 안에 거하라. 내가 아버지의 계명을 지켜 그의 사랑 안에 거하는 것 같이 너희도 내 계명을 지키면 내 사랑 안에 거하리라.

4. 그의 계획

켈리는 이번 겨울까지 진주에 머물다가 봄에 거창의 목사로 갈 것이다. 그들에게 '새아기'도 곧 태어나리라는 것은 이제 비밀이 아니다. 그는 진주의 사람들에게 매크레이와 자신은 높은 지대 거창으로 옮길 것이라고 이미 말하였다. 그뿐만 아니라 주일학교도 거창에 자리를 잡을 것이라 한다. 켈리는 이미 진주의 한 지역에서 일요일 마을 학교를 시작하였다. 어린이 10명과 구경꾼 10명이 출석하고 있다. 그는 아직 한국어로 설교하지 못하지만, 자신의 전도자이자 교사인 최 석사를 통하여 자신을 표현하고 있다.

프랭크 페이튼
(더 메신저, 1913년 4월 25일, 253)

5. 마을 학교를 시작하다

우리는 아직 우리의 '새 집'에 도착하지 않았다. 6월 말에는 그곳으로 가기를 희망한다. 우리는 현재 언어공부에 매진하고 있다. 지난 1월 말 진주선교부는 교회가 없는 이웃 마을의 어린이들에게 다가가는 활동을 시작하였고, 나에게 한 마을을 맡겼다. 목적은 한국인 일꾼 한 명과 그곳에 주일학교를 시작하는 것이다. 나는 나의 언어 교사

최 숙사를 선택하였다. 우리는 그 마을 마당에 어린이를 모아 창조주 하나님에 관한 간단한 이야기를 해 주고, 새로 시작하는 주일학교에 초청한다는 계획이었다. 그리고 그 마을에서 방 한 칸을 빌려 예배 장소로 사용할 것이다.

1월 26일 나는 최 숙사와 함께 이웃 마을[11] 마당으로 갔다. 그곳에는 5~6명의 어린이가 연을 날리고 있었다. 우리는 그들을 불렀고, 외국인이 온 것을 보고 아이들이 모였다. 최 숙사는 예수님 그림을 보여주며 이야기하였고, 아이들은 흥미를 갖는 듯하였다. 그때 지게꾼과 심부름꾼도 모여 그들에게도 이야기하였다. 마침내 10명의 어린이가 모였고, 이 아이들을 중심으로 주일 모임을 만들려고 생각하였다.

나는 이 아이들에게 찬송가 '예수 사랑하심을'을 제일 먼저 가르쳤다. 먼저 각 절을 말로 가르쳐주고 그다음 음정을 넣어 부르게 하였다. 한국말로 된 신약성경도 보여주고, 요한복음 3장 16절을 읽어 주었다. 하나님이 세상을 이처럼 사랑해 예수님이 왔다고 설명하였다. 우리는 아이들에게 7일 후에 이곳에 다시 오라고 하였다.

일주일 후인 2월 2일 나는 박영숙 조사와 함께 그 마을로 다시 갔다. 이날은 장날이라 아이들이 모일지 궁금하였다. 우리가 마당에 도착하니 역시 한 명의 아이들도 보이지 않았다. 우리는 실망하지 않고 주위를 걸었는데 꽁꽁 언 연못 위에 아이들이 썰매를 타고 있었다. 우리는 그 아이들을 불러 예수님에 관하여 다시 이야기해 주었다….

2월 9일 나는 박 조사와 함께 다시 그 마을로 갔다. 이날은 매섭게 찬 바람이 불어 나가기가 주저되었지만, 어쨌든 갔다. 그 마당은 또다시 휑하였고 추운 바람만 불었다. 우리는 빈손으로 집으로 돌아왔다.

---

11) 켈리는 후에 이 마을이 묵실이었다고 기록하였다.

2월 16일 네 번째 주일 최 숙사와 나는 다시 그 마을로 갔다. 이번에는 마당 대신에 집과 집 사이에 있는 한 공간에 섰는데 15명의 소년이 모였다. 성경을 가르치기 전 나는 '예수 사랑하심을' 찬송을 다시 가르쳤고, 아이들은 놀랍게도 금방 배웠다. 몇 명의 남성과 여성 구경꾼이 나와 최 숙사가 그들에게 우리가 온 목적을 말하였다. 아이들을 위한 공부반을 하려는데 누가 일요일마다 방을 빌려줄 수 있는지 물었다. 아무도 나서지 않았다. 우리는 아이들의 이름을 다 적고 말하였다. "다음 일요일에는 풍금을 가져와 노래를 가르쳐 줄 것이야."

2월 23일 우리는 같은 장소에서 예배를 시작하였다. 풍금 소리에 동네 전체가 술렁이는 느낌을 받았다. 어떤 아이는 풍금 소리를 무서워하였지만 대부분 호기심을 보였다. 한 나이 든 여성은 곰방대를 물고 내 옆에 가까이 서 풍금을 쳐다보며 계속 뭐라고 이야기하였다. 최 숙사는 모여든 사람들에게 우리가 온 목적을 다시 설명하였다.

이번에는 한 여성이 자신의 방 한 칸을 빌려주겠다고 나섰다. 우리는 그녀의 집으로 갔는데 외국인의 눈으로는 형편없는 방이었다. 나는 방 한쪽에 풍금을 놓았다. 아이들은 방이 생겨 좋아하였고, 모두 22명의 소년이 방안에 앉았다. 어떤 아이는 작은 아기를 업고 있었다. 우리는 '예수 사랑하심을'을 불렀다. 음정이 엉터리였지만 상관없었다. 그리고 눈을 감고 머리를 숙이고 기도하는 방법을 알려주었다. 어떤 아이들은 눈을 뜬 채 우리를 쳐다보기만 하였다. 그리고 성경 이야기를 들려주었다.

출석부에 5명의 새 어린이 이름이 올랐고, 우리는 기뻤다. 이제 시작이지만 어려움도 있을 것이란 느낌이 들었다.

(OMW, 1913년 7월, 10-11)

6. 켈리 부인과 스콜스의 순회

4월 4일 금요일, 스콜스와 나는 우리 선교회 북쪽에 있는 교회들을 방문하러 나섰다. 우리는 16일 동안 순회할 계획이었기에 나귀 등에 짐이 많이 실렸다. 우리는 90리를 가다가 점심 식사를 위하여 한 일본 여관에 들렸다. 그리고 다시 가 저녁 6시 30분경 산청에 다다랐다. 그곳의 몇 여성이 우리를 만나 교회당으로 안내하였다. 우리가 머물 곳이었다.

저녁 식사 후 사람들이 모였고 우리는 짧은 예배를 함께 드렸다. 우리는 이곳에 하룻밤만 머물려고 하였는데 그다음 날 비가 와 하루를 더 있었다. 여성들은 그 기회를 놓치지 않고 아침 점심 저녁 우리를 방문하였고, 성경을 공부하였다. 스콜스는 그리스도의 생애를 담은 그림책을 가져왔고 여성들은 그림을 보며 큰 흥미를 가졌다.

우리는 그곳에서 안위를 거쳐 상천으로 갔다. 처음으로 외국인 여성이 그 마을을 방문하였기에 많은 사람이 구경나왔다. 다음날 상수내로 가는데 풍경이 대단히 아름다웠다. 마부들은 각종 꽃을 꺾어서 우리에게 주었다. 거의 일주일을 가 거창에 다다랐는데 앞으로 나의 살 집과 일이 있을 곳이다. 우리를 만나러 온 여성들이 먼 곳을 가리켰다. 한 집의 골조가 보였는데 바로 우리 집이라는 것이었다. 이 여성 중 홍이는 조사의 아내로 부산진 우리의 고아 중 한 명이다.

거창에서 우리는 한국 집에서 머물렀다. 이 집은 매크레이가 자신의 집이 다 완성될 때까지 생활할 집이다. 매우 편안하였고, 식사 때 음식이 상 위에 놓여나와 우리는 감사하였다. 식사 후 여성들이 와 우리는 찬송을 부르고 이야기를 나누었다.

토요일 아침, 나는 건축하고 있는 우리 집을 보러 언덕 위로 올라갔다. 위치가 좋았는데 마을과 둘러싼 산 그리고 먼 곳까지 보였다. 주일 아침과 저녁에 우리는 이곳 교회에 참석하여 예배를 드렸다. 오후에는 여성들이 집에 찾아와 성경도 공부도 하였다.

월요일 우리는 곤남을 향하여 출발하였다. 산속에 있는 작은 마을이다. 우리의 편지가 이들에게 도착하지 않았는지 아무도 우리를 마중 나오지 않았다. 그러나 마을에 들어서자 여성들이 우리를 보고 매우 기뻐하였다. 우리는 점심과 저녁 성경공부를 하였고, 그들의 이야기를 들었다. 다음 날 우리는 다시 거창으로 돌아가 하루를 지내고 30리 떨어진 계천으로 갔다. 이곳의 많은 사람은 만주로 이사하였고, 우리의 전도에도 관심이 없는 듯하였다. 우리는 다시 거창으로 돌아와 달밤에 여성들과 놀이를 하며 즐겁게 지냈다.

다음날 우리는 진주 방향으로 돌아가기 시작하였다. 이틀은 걸릴 거리였다. 우리는 아침 9시쯤 출발하여 저녁 7시에 산청에 도착하였다. 80리 길인데 경치가 훌륭하였다. 여성들이 우리를 방문하였지만, 우리의 피곤한 모습을 본 그들은 곧 집으로 돌아갔다. 토요일 90리를 더 가 저녁 7시에 진주에 도착하였다. 16일 동안 우리는 570리 거리를 나귀 등에 타거나 걸었다. 진주의 동료와 친구들이 모두 잘 있어 반가웠고, 집에 오니 편하고 좋았다.

시골의 여성들은 사랑스럽고 친절하다. 그들을 직접 만나니 그들의 필요가 무엇인지 잘 알았고, 그만큼 우리의 기도 제목이 분명하여졌다. 우리처럼 신실하게 주님을 믿는 이곳 시골 사람들을 위하여 여러분도 기도해 주기를 바란다.

〔더 메신저, 1913년 7월 25일, 467〕

7. 거창선교부 설립

거창에 새 선교부가 설립되다. 켈리 목사 부부와 매크레이 목사가 그곳으로 이사하다.

[더 메신저, 1913년 8월 15일, 515]

8. 거창교회 풍경

한동안 편지를 쓰지 못하였다. 여러분은 우리의 새 선교부에 관하여 관심이 있을 것이다. 거창은 진주에서 북쪽으로 56마일 떨어져 있다. 나귀를 타면 이틀 정도 걸린다. 여러분이 아는 대로 우리 선교부는 매크레이와 우리 부부가 구성원으로 있다. 그러므로 켈리 부인은 이 지역 유일한 백인 여성이다. 진주에서 이곳으로 오는 동안 그녀는 큰 주목을 받았다. 마을을 지날 때마다 많은 사람이 그녀를 쳐다보았다. 놀라는 사람, 웃는 사람 심지어 두려워하는 사람도 있었다. 그런 모습을 보는 우리도 흥미로웠다.

매크레이는 우리보다 며칠 더 일찍 거창으로 갔다. 그곳의 교인들은 우리를 친절히 맞았다. 거창내 도착 1마일 전부터 남성들이 나를 환영하였다. 여성들은 강 건너편에서 켈리 부인을 기다리다 환영하였고 집까지 동행하였다.

다음 날 하루를 쉬었고, 그다음 날인 토요일에 환영과 감사예배가 교회에서 열렸다. 찬송과 기도와 성경 봉독 후에 조사가 설교하였다. 그리고 한 집사가 우리를 소개하였다. 그는 우리가 강도와 살인자들이 사는 여러 마을을 지나 이곳까지 왔다고 하였다. "이분들은 우리와 옷도 다르고, 음식도 다르고, 집도 다르지만 예수님을 사랑하는 마음은 우리와 같습니다. 그 이유로 먼 곳에서 이곳까지 오신 것입니다." 맞는 말이었다. 교인들의 인사법은 동양의 인사법이었다. 모두 일어나 허리 숙여 우리에게 인사하였다. 우리의 악수와 같은 것이다.

예배 후, 조사는 우리를 자신의 집으로 초청하여 음식을 대접하였다. 집사와 매서인도 함께 하였다. 이 시간이 외국인에게는 어려운 시간일 것 같지만 잘 지나갔다. 신발을 벗고 바닥에 앉아 젓가락으로 음식을 먹었다.

우리의 첫 주일에 교회당은 교인들로 꽉 찼다. 작은 예배당은 24피트 길이에 8피트 넓이다. 75명의 남녀 교인들이 모두 바닥에 앉았고, 그 가운데 가림막이 있었다. 여성 교인이 훨씬 더 많았고 실내 공기는 탁하였다. 켈리 부인이 풍금을 쳤다. 교인들은 풍금에 맞추어 찬송을 힘껏 불렀고, 만유의 주 하나님 아버지를 예배하였다. 성찬식도 거행되어 엄숙한 자리였다. 이런 예배가 매 주일과 수요일 저녁에 열린다. 주일 오후에는 어린이나 성인이나 모두 주일학교에 참여한다. 저녁에는 설교 후 기도회 시간이 있다. 기도가 잠시도 끊이지 않고 계속된다.

우리 교인 대부분이 가난한 계급의 사람들이다. 그리스도 때도 가난한 사람들이 그를 따랐다. 그때의 사람이 지금 우리의 사람만큼 가난하였을까. 가난과 싸우는 우리 교인들을 볼 때 마음이 답답해지고 동정심이 절로 생긴다. 우리는 잘 먹고 잘 입고 잘 자는데 이들은 항상 굶주림과 싸워야 한다. 이곳 평균 임금이 7.5나 8다임인데 매년 쌀값이 오른다. 이들이 어떻게 생존하는지 나에게는 미스터리다.

교인들은 가난함에도 불구하고 주일 헌금을 드린다. 작은 엽전 한 냥일지라도 말이다. 헌금은 보통 전체 1실링 정도이다. 여기에다 전도 헌금도 있다. 이 헌금으로 전도자들이 시골에서 활동한다. 대부분 가정이 이 헌금에 매주 1센(4분지 1다임)을 드리고, 나머지 교인은 성미를 한다. 이뿐만 아니라 매년 중국과 만주 선교를 위한 헌금도 있고, 성서공회 후원 헌금도 있다.

거창교회의 문제는 '어떻게 큰 교회당을 지을 것인가'이다. 이것을 위하여 교회는 기도하고 있다. 만약 이 질문이 해결되지 않으면 새 신자가 못 올 것이다. 지금은 교인들이 새 신자에게 자리를 양보하고 예배당 밖에 앉는다. 그러나 겨울에는 이것마저 못할 것이다. 우리는 이들에게 자급을 강조한다. 그러나 가난한 이들은 선교사의 도움 없이 그 일을 해결하지 못할 것이다.

(OMW, 1914년 5월, 18-19)

9. 식당에 모여

빅토리아여선교연합회가 지원하는 전도부인 한 명이 지난 12월 임명되었다. 그녀는 이곳 지역의 몇 교회를 순회하였고, 거창교회에서도 일을 잘하고 있다. 그녀는 또한 나의 여성들을 가르치는 일을 돕고 있다. 예배당 건립 전에 이 여성들은 주일 오후마다 내 집 식당에 모여 성경공부를 하였었다. 평균 45명이 참석했었다. 여름 동안 전도부인은 부산진 성경학원에 갔고, 여성들은 교회당에서 남성들과 함께 공부하였다.

나와 전도부인은 대부분 여성 교인의 집을 방문하였다. 믿지 않는 여성들도 방문하여 예배에 초청하였다. 그중 적지 않은 여성이 교회에 나왔고 정기적으로 출석하는 여성도 있다. 1월에는 40여 명의 여성이 성경반에 출석하였다.

특별히 3월에 스콜스가 우리의 세 지역을 방문하였다. 그곳의 교회들은 그녀를 환영하였고, 함께 성경공부를 하였다. 거창에서도 그녀는 오전 오후 그리고 저녁에 성경반을 인도하였다. 여성들은 축복의 시간이었다고 간증하였다.

(OMW, 1915년 1월, 43)

10. 묵실의 교회

일 년 전 나와 최 조사가 묵실을 방문하였다. 우리는 길가에서 아이들에게 예수 그리스도에 관하여 이야기해 주었다. 마침내 주일 저녁 방 한 칸을 얻어 주일 저녁 예배를 시작하였다. 작은 방에 30명의 아이가 모였고, 그 숫자는 점점 늘어나는 듯하였다. 그러나 우리의 성공에 시험이 닥쳐왔다. 부모들이 자신의 아이를 예배에 못 가게 하기 시작하였다.

우리는 야학도 시작하였다. 글을 읽지 못하는 아이들이 많아 야학은 인기였다. 여름에는 마당에서 예배를 계속하였다. 부모들이 옆에서 설교를 듣기 시작하였다. 지금은 30여 명의 아이가 나오고, 여성 20명, 남성 6명이 매주 저녁 예배에 참석한다. 이들은 성경과 찬송도 배우는데 암기력이 대단하다. 좋은 기초작업이 진행되고 있기에 이 마을 전체가 주님께 오기를 바란다.

(OMW, 1915년 1월, 44)

11. 글을 모르는 인도자

결과적으로 보면 거창교회가 가장 발전적이고 격려가 된다. 두 명의 선교사가 교회 직원과 일꾼들을 인도하고 가르친 덕분이라 하겠다. 시골의 교회들은 성장이 더디다. 몇 교회는 자라고 있지만 겨우 유지하거나 아니면 쇠퇴하는 교회도 있다. 나는 그들의 신앙고백에 따라 18명을 교회의 정회원으로 받아들였다. 매년 선교사는 시골의 교회들을 한두 차례 방문하지만, 교회의 성장은 자신의 교회 인도자에게 달려있다. 인도자가 얼마나 열정적이고, 신실하고 영향력이 있느

냐에 달렸다.

이곳의 문제 중 하나가 문맹률이다. 연례 세례문답 시험 때 많은 사람이 글을 읽지 못한다는 것을 발견한다. 특히 결혼한 여성이 그런데 아내가 글을 배울 기회를 남편이 주지 않는다. 글을 배울 능력이 없다고 생각하는 것이다. 시골의 교회 인도자 대부분이 글을 몰라 주일학교도 없고 성경반도 없다. 인도자가 설교는 해도 그 이상은 어렵다. 그러므로 그들은 조사의 방문을 항상 기다린다. 그러나 성령은 이러한 문맹자들을 통해서도 역사하신다.

(중략) 친척들의 반대로 교회를 떠나거나, 가난하거나 아파서 예배를 멀리하거나, 옛 습관으로 돌아가거나, 인도자가 없어 신앙을 잃어 교회가 쇠퇴하는 시골 마을이 있다. 그런데도 우리는 자신을 온전히 드려 교회를 조금씩 성장시키는 일꾼들로 인하여 기쁘고 감사하다. 전능하신 하나님과 구원자 예수님 그리고 인도자 성령님이 이곳 거창 지역에 세운 교회들에 힘과 능력을 주시기를 기도한다.

(OMW, 1915년 1월, 45-46)

12. 선교부 직원 명단

한국인 직원:
황보기(조사), 김은혜, 김애선(전도부인), 김소현(학교 교사), 최성봉, 오형선, 신양섭(언어 교사), 주남고, 이갑수(매서인), 김문우(조사)

외국인 직원:

매크레이 목사 부부, 켈리 목사 부부, 에이미 스키너, 엘리자베스 에버리

지역:

거창, 안의, 함양, 합천, 초계

(OMW, 1916년 1월, 33)

13. 스키너의 여학교

스키너가 4월까지 여학교를 책임 맡았다. 그 후부터 켈리 부인이 지도하고 있다. 정부의 새 교육 칙령에 따르면 새로 시작하는 학교는 모두 등록해야 하고 성경 과목을 가르칠 수 없다. 우리 학교는 등록하지 않았는바 당국은 우리에게 등록하던지 문을 닫으라고 하였다.

우리 선교사공의회의 결정에 따라 우리는 학교를 서당으로 하거나 옛 형식의 마을 학교로 하기로 하였다. 이런 방식으로 운영하면 기본적인 세 과목을 가르치고, 종교 교육을 자유롭게 할 수 있다.

(OMW, 1917년 1월, 24)

14. 첫 한국인 목사 임직식

2월 21일 수요일은 기억할만한 날이다. 나와 동역할 첫 '한국인 목사'를 청빙하기로 결정한 날이었다. 성장하는 거창교회가 주변의 네 교회와 공동으로 목사를 부른 것이다. 많은 고심이 있었다. 교회가 새 목사를 지원할 수 있을까? 교회는 이 일을 위하여 위원회를 임명하였다. 나는 위원장으로 위원들의 토론을 흥미롭게 들었다.

하루 저녁은 오랜 시간 재정 상태를 주제로 논의하였다. 결론은 거창교회가 봉급의 4분의 3을 내고, 다른 네 교회가 나머지를 책임지게 한다는 것이었다. 그들이 분담해야 할 재정은 매달 11다임 정도였다. 네 교회는 작은 교회들이었고, 위원회는 대표를 보내 그 교회들과 상의하였다.

한국인 목사에게 책정된 월급은 20엔(약 2파운드 3실링)이었다. 이것을 해외선교위원회의 지원 없이 감당해야 하였고, 긴 토론이 또 이어졌다. 결국, 거창교회가 나머지도 충당하기로 하였다. 우리 서양인이 보기에는 작은 양의 액수이지만 이들의 평균 임금이 8다임임을 고려하면 이해할 만하다. 이 결정은 대단한 것인데 이년 전만 해도 이 지역의 조사가 외국에서 지원하는 봉급을 받았기 때문이다. 이 진전된 결정은 주목할만하며 다른 교회에도 훌륭한 본보기이다. 다른 교회도 목사를 청할 때 같은 생각을 할 것이다.

노회는 엥겔 대신에 알렌을 임시회장으로 임명하였고, 그는 두 명의 장로와 함께 거창으로 왔다. 그들은 토마스와 나를 포함하여 특별 노회를 구성하여 첫 목사 임직식을 거행하였다. 거창교회에서 임직

예배가 열렸고, 함께 청한 네 교회 대표는 물론 시골교회 대표들이 참석하였다. 그리고 '새 목사'를 보려는 구경꾼들도 모였다.

나는 경과보고를 하였고, 알렌은 사회를 보며 매우 좋은 설교를 하였다. 한 가지 인상적인 모습은 바닥에 앉아 예배를 드리던 교인들이 모두 일어나 서약하는 장면이었다. 토마스가 축도하였고, 엄숙한 예배가 모두 마쳤다. 새 목사에게 교인들은 허리 숙여 인사하였고, 시골교회를 방문할 때 유용하게 쓰일 놋젓가락과 숟가락 세트, 그리고 침구를 선물하였다. 이 교회가 오래 기억할 예배였다.

오후 감사예배에서는 진주의 박성애 장로가 설교하였다. 그는 자신이 칠 년 전 거창을 방문하였을 때 기독교인이 몇 명밖에 없었고, 그 후 커를 박사와 선교부지를 매입하러 왔을 때도 작은 교회만 있었다고 말하였다. 마침내 지금의 성장을 보게 되어 기쁘다고 하였다.

(OMW, 1917년 7월, 10-11)

15. 이재풍 목사

이재풍의 고향은 평양에서 15마일 떨어진 산수리이다. 그는 한국 선교 역사에 중요한 이 도시에서 한문과 한국어를 가르치던 서당 선생이었다. 그다음 그는 공적인 자리에 있다가 쌀 상인이 되었다. 일본과 중국이 평양에서 싸우기 전 그는 평양 외곽으로 이사하여 다시 교사 생활을 하였고, 그 후 고향으로 돌아가 농부가 되었다.

한번은 그가 한동안 보지 못한 친구를 만나러 평양을 방문하였다. 친구는 신실한 기독교인이 되어있었고, 그를 통해 이재풍은 복음을 들었다. 예수를 믿기로 작정한 그는 고향으로 돌아와 기독교인을 찾았는데 그곳에 두 명의 청년이 있었다. 그는 그들과 함께 예배를 드렸다.

그가 기독교인이 되는 과정에 가장 어려웠던 점은 부모의 반대였다. 그러다 결국 부모도 믿게 되었고 함께 예배를 드렸다. 이 예배 모임은 교회가 되어 평양의 스왈른 박사가 지도하였고, 이재풍이 첫 인도자가 되었다. 그는 이 교회에서 3년간 일하였다. 그 후 그는 매서인과 조사로 잠시 활동하다 신학교에서 공부하기 시작하였다. 여섯 학기를 마친 그는 장로로 안수받고, 자신의 구역을 할당받았다.

1913년 이재풍은 신학 과정을 모두 마쳤다. 두 교회에서 그는 청빙을 받았는데 그중 한 교회가 12년 전에 시작한 고향의 교회였다. 그는 그곳에서 3년을 목회하였다. 1901년 처음 회심한 이후 마을 예배 인도자부터 교회 목사로까지 헌신하여 현재 그 교회에 수세자가 300명이 넘는다고 한다. 더 놀라운 것은 자신을 사랑하고 존경하는 그 교회를 떠나 조사로 혹은 소요리문답 교사로 남쪽의 거창으로 왔다.

이재풍은 평양의 모펫 박사 추천으로 거창에 왔다. 목사인 그가 목회 환경이 형편없는 이곳에 목사가 아닌 조사의 조건으로 온 것은 그의 소명 때문이었다. 그는 이 지역 11개 교회에서 일 년 동안 조사로 일하였고, 그동안 한국인이나 선교사나 할 것 없이 그를 신뢰하였다. 그의 정직함과 겸손함 그리고 지혜로움은 그를 담임으로 청한 다섯 교회에 큰 축복이 될 것으로 확신한다.

(OMW, 1917년 7월, 11-12)

16. 23개의 교회

먼로 씨, 우리 선교부에 보내준 선물로 인하여 어떻게 감사 인사를 드려야 할지 모르겠습니다. 훌륭한 환등기를 보내주어 이곳 외국 현장에서 사용할 수 있도록 하니 대단히 감사합니다. 환등기 슬라이드 그림을 통하여 많은 사람에게 그리스도가 전해지기를 기도합니다. 환등기를 담은 상자는 좀 부서져서 도착하였지만, 내용물은 다 그대로입니다. 발동기가 좀 새는 것 같지만 고칠 수 있으리라 생각됩니다.

거창은 우리 선교회의 가장 작은 지부이고, 가장 안쪽에 자리 잡고 있습니다. 이곳에 세 개의 선교사 집이 있습니다. 현재는 토마스 부부, 에버리 양, 그리고 켈리 부부가 있습니다. 우리 선교부는 다섯 개의 지역에서 일하고 있고, 인구는 30만 명입니다. 작년까지 이 지역들은 나의 책임하에 있었고, 1918년 1월부터 토마스가 일부 책임을 맡을 것입니다. 총 1,006개의 마을에 우리 교회가 흩어져 있는데 교회는 23개 밖에 없습니다. 얼마나 더 많은 일이 필요한지 상상이 갈 것입니다.

아직 많은 마을이 복음을 듣지 못한 것을 생각하면 마음이 슬퍼집니다. 그리고 한국어로 그들에게 아직 복음을 전할 수 없다는 사실에 더 마음이 무겁습니다. 나의 가장 실망스러운 점은 한국어를 아직 습득하지 못했다는 것입니다. 그런데도 우리가 감사하는 것은 많은 사람이 진리를 깨닫고 있고, 신실하게 기도하고 있다는 것입니다.

이곳의 선교 활동에 어려움이나 시험이 없는 것이 아닙니다. 다음번에 그것에 관하여 말하겠습니다. 전쟁으로 인하여 한국인들이 어려움을 겪고 있습니다. 쌀값은 세 배나 올랐고, 다른 물품도 그 정도 비싸졌습니다. 호주도 전쟁으로 인하여 대가를 치르고 있습니다. 많은 가정이 희생하고 있고, 그것으로 인하여 슬픔과 고난이 있는 줄 압니다. 여러분들의 친절에 감사합니다.

[더 메신저, 1918년 2월 1일, 79]

17. 한석진과 모펫의 방문

1월에 지도자반이 열렸다. 총회의 총회장 한 목사[12]가 방문하여 나흘간 가르쳤다. 훌륭한 강의였다. 그는 오후에 강의하고 저녁에는 부흥회를 인도하였다. 주일에는 세 번 설교하였다. 내가 들은 한국인 목사 중에 최고의 설교가였다. 그는 겸손하고 예의가 있었으며, 우리를 도우려는 열정적인 마음이 있었다.

모펫 박사는 진주에서 강의하고 돌아갈 때 거창에 들렸다. 그날은 주일이었는데 우리 교회의 모습과 열정에 그는 기뻐하였다. 그의 설교는 훌륭하였고 원고도 없이 설교하였다. 그는 거창에서 설교한 첫 미국인이다. 그동안의 외국인 설교 중에 가장 잘하는 한국어였을 것이다. 교인들은 말하기를 눈을 감고 들으면 한국인인 줄 알겠다고 하였다.

[더 메신저, 1918년 5월 24일, 335]

---
12) 한석진 목사로 6대 총회장이었다.

18. 호주로 돌아가다

켈리 부부는 지난 5월 어린 아들 데이비드의 죽음으로 매우 힘들어하였다. 그리고 그들은 한국을 떠났고, 지난주 화요일 '시드니 익스프레스'를 타고 멜버른에 도착하였다.

(더 메신저, 1918년 11월 29일, 765)

6장

엘리자베스 에버리(이리사백)의 보고서

(Elizabeth Ebery, 출생년도 미상-1950, 한국명: 이리사백)

1. 소명과 파송

7월 13일 환송 예배 모임이 엄숙하고 인상적으로 진행되었다. 곧 한국으로 파송되는 두 명의 선교사[13]는 해외 선교에 자신을 드리게 된 동기를 간증하였고, 청중은 마음속으로 감동을 받았다. 이 두 명의 젊은 여성은 이날 아침 처음으로 서로 만났는바, 거창에서 동료로 함께 거주하게 될 것이다.

에버리는 다른 많은 사람과 마찬가지로 페이튼 박사가 호주를 방문하여 연설하였을 때 첫 선교사의 꿈을 가지게 되었다 한다. 그녀는 뉴 헤브리데스 선교사가 되기를 기도하였다. 그러나 그녀는 자라면서 선교사의 꿈을 점점 잃어버렸다고 한다. 6년 전 가족과 함께 퍼스로 이사하였을 때 그곳 교회에서 일하였지만, 만족이 없었다. 교회 목사는 그녀에게 국내선교사로 훈련을 받기를 제안하였다. 그리고 그것을 막는 장애물이 하나씩 없어졌다.

에버리는 멜버른으로 와 디커니스훈련원에서 2년간 훈련을 받았다. 그녀는 그곳에서 가치 있는 배움의 시간을 가졌고, 더 많이 배우기를 원하였다. 그 후 그녀는 오스틴병원에서 6개월 동안 간호사 훈련을 받고, 아델라이드의 찰머스교회 디커니스가 되었다. 그녀는 그곳에서 16개월 일하였다. 그곳의 사람들은 물질적이고 육체적인 도움보다 영적이고 선교의 일을 배우기 원하였다. 그래서 그녀는 성경과 선교 공부반을 만들어 인도하였다. 그러면서 그녀는 이 '위기와 기회의

---

13) 엘리자베스 에버리와 에이미 스키너이다.

시간'에 자신은 왜 해외 선교에 동참하지 않는지 스스로 물었다. 프랭크 페이튼은 그녀에게 용기를 주었고, 마침내 한국선교사로 임명이 되었다. 해외 선교를 생각할 때 그녀는 자신을 작고 중요치 않게 생각하지만, 교회의 지원과 격려를 믿고 기쁘게 앞으로 나아간다고 하였다.

[더 크로니클, 1914년 7월 1일, 2]

2. 멀고 먼 거창

9월 28일 아침, 켈리 부부와 그들의 아들과 함께 거창으로 떠났다. 진주에서 선교사공의회를 막 마쳤다. 우리를 위한 그곳의 집이 아직 완전히 준비가 안 되었기에 스키너는 맥라렌 부인과 당분간 진주에 있기로 하였다. 스콜스가 일부 구간 우리와 동행하였는데 그녀는 순회를 떠나는 길이었다. 그녀와 나는 오전 9시 짐을 가득 실은 나귀를 타고 먼저 떠났고, 스콜스의 전도부인은 마차를 타고 조금 늦게 따라왔다.

나는 이때 나귀를 처음 탔다. 마부가 이 동물을 이끌었는데, 목에서 방울 소리가 났다. 점차로 익숙해지면서 나는 주변 풍경을 감상할 수 있었다. 13마일을 가니 안목천이 나왔고 이곳 일본 여관에서 우리는 점심을 먹었다. 다시 길을 나설 때 나는 마차로 갈아탔다. 우리는 곧 나귀에 탄 스콜스와 전도부인을 앞서 나갔다. 매우 느린 여정이었지만 진주에서 거창까지 가는 방법은 이것뿐이다.

우리는 저녁 6시 30분에 산청에 도착하였다. 17마일을 온 것이다. 그곳에서 하룻밤을 자고 다음 날 아침 7시 30분에 길을 나섰다. 안의까지 27마일을 더 가야 한다. 오후 두 시에 그곳에 도착하여 식사하고 좀 쉬었다. 이제 거창까지 13마일 정도 남았다. 우리는 그곳에 어두워지기 전에 도착하기 위하여 곧 다시 길을 나섰다.

오후 6시경에 거창 부근에 도착하였다. 한 무리의 여성이 기다리다 다시 돌아온 켈리 부부를 환영하였다. 그리고 말로만 듣고 기도해 오던 '부인'[14]들을 만나 반가워하였다. 남성들과 아이들도 이어서 우리를 환영했다. 이들의 밝은 얼굴은 우리가 온 것을 감사하고 있었다. 어둠에서 벗어나 빛에 있는 이들에게서 사랑을 느꼈다. 어둠이 내려앉기 시작한 저녁, 우리는 마침내 거창에 도착하였다. 집이 세 채 있었는데 두 채는 이미 동료들이 살고 있고, 나머지 한 채가 우리가 생활할 집이다.

다음 날 저녁 기도회에 참석하였다. 교회당 안은 교인들로 적당히 차 있었다. 한쪽은 남성, 다른 한쪽은 여성이 앉았고, 그 사이에 하얀 가림막 천이 있었다. 최고의 경건함이 느껴졌다. 매크레이 씨가 각 편에서 6명이 기도하라 하자 주저 없이 기도가 쏟아졌다.

목요일 오후 나는 처음으로 한국어 교습을 받았다. 이곳 사람들이 무슨 말을 하는지 모르거나 그들과 대화하지 못한다면 얼마나 슬플까. 여러분의 지원으로 이곳까지 와 일하지만, 이곳 언어도 잘 배울 수 있도록 기도해 달라.

[더 크로니클, 1914년 12월 1일, 5-6]

---

14) 한국인은 여성선교사가 미혼임에도 높은 존칭인 부인으로 불렀다.

3. 서로 구경하다

추석 기간이 월요일 시작되었다. 한국인들은 추석이 시작되기 전부터 휴일을 보냈다. 아침 일찍부터 구경꾼들이 우리 외국인과 집을 보려고 몰려들었다. 이들은 나에게도 구경거리였는데 색색의 옷을 입고 우리 선교부 주변을 돌아다녔다. 우리는 서로를 구경하며 흥미로운 시간을 보냈다.

작은 풍금을 마루에 내어놓고 켈리와 그의 조사가 예배를 시작하였다. 최소한 600명의 방문객이 이날 복음을 들었다. 예배 후, 30명씩 그룹을 지어 우리들의 집을 방문하게 하였다. 매서인과 전도부인 그리고 교회 일꾼들은 이들에게 전도하느라 쪽 복음을 파느라 바쁜 날을 보냈다. 오후가 다가오자 하얀 옷을 입은 방문객들이 구불구불한 논길을 지나 집으로 돌아가는 모습이 인상적이었다.

저녁에는 교인 여성과 아이들이 놀러 왔다. 이들은 집 주변 선교지 땅에서 놀아도 되는지 물어보았다. 켈리 부인과 나는 밖에 나가 달빛 아래 이들과 함께 놀았다.

다음날은 더 많은 구경꾼이 몰려왔다. 그다음 날도 마찬가지였다. 이곳을 먼저 구경한 사람들이 이웃 마을 사람에게 자랑한 것이다. 이곳 주변 마을 사람들 모두 구경 나오는 것 같았다. 이 기간 600권의 복음서를 팔았고, 많은 씨앗이 뿌려졌을 줄 믿는다. 매크레이는 미국 선교회로부터 넘겨받은 선교지를 이번 주 내내 방문하고 있다.

이곳 교회의 사람들은 매우 단순하며 가난하다. 세 곳의 거창 지역만도 150,000명의 인구가 있다. 그 너머 다섯 개의 지역이 더하여

졌다. 이곳에 단 두 명의 목사가 있고, 그중 한 명은 아직 한국어 공부 중이다. 아직 많은 곳이 선교사의 방문을 받지 못하고 있다. 복음을 더 알고 싶어 목말라하는 이들이 우리를 기다리고 있다.

[더 크로니클, 1914년 12월 1일, 6-7]

4. 첫 성탄절

거창에서의 첫 성탄절은 즐거웠다. 몇 여성이 켈리 부인의 집에 와 예배당에 장식할 꽃을 종이로 만들었다. 어린이들을 위한 70개의 선물도 포장하였다. 그리고 우리는 작은 만국기 등 준비한 것을 가지고 이날 저녁 교회당으로 갔다. 우리보다 먼저 남성들이 교회당에 다녀 간 것이 분명한데 문 앞은 소나무로 아치 모양이 만들어져 있었다. 그 뿐만 아니라 크고 작은 등을 마당 주변에 여러 개 걸어 놓았다.

성탄절 날, 우리 선교사들을 위한 영어예배가 먼저 있었다. 오전 9시 45분 우리 집에 모였다. 설교자와 반주자 외에 참석자는 4명이었다. 켈리 부부의 아기를 포함해서 말이다. 작은 모임이었지만 우리에게는 큰 의미를 지닌 시간이었다.

오전 11시 우리는 교회에 도착하였다. 예배당은 이미 행복한 사람들로 붐볐다. 몇 번이고 미리 연습하였던 성탄 찬송을 교인들은 힘껏 불렀다. 문 앞과 창밖의 구경꾼들로 밖이 안 보일 정도였고, 공기도 점점 탁하여져 갔다. 예배 후, 우리는 모두에게 음식을 나누어주었다. 한국인들이 준비하였는데 작년보다 더 많은 양이라 한다.

우리 외국인을 위하여 전에 정부 관원이었던 한 남성이 따로 음식을 준비하였다. 작은 상을 두 개 붙여 음식을 놓았는데 큰 사발에 가득 담겨있었다. 젓가락이 있었지만, 놋숟가락은 두 개밖에 없었다. 우리는 최선을 다하였지만 많은 양이 남았다. 우리가 떠난 후 교회의 남성들이 한국식으로 다 먹었다고 한다. 오후에는 여성과 남성 별로 다양한 놀이가 있었다.

저녁 7시 교인들이 다시 모여 예배를 드렸다. 노래와 말씀이 있었고, 아이들 이름을 한 명씩 불러 성탄 나무 아래 있는 선물을 나누어주었다. 켈리의 아들에게도 작은 선물을 주었는데 모두 즐거워하였다. 그 후 다과를 하며 놀다 모두 집으로 돌아갔다.

〔더 크로니클, 1915년 5월 1일, 4-5〕

5. 성장과 박해

교회는 꾸준히 성장하고 있다. 매 주일 한두 명의 새 신자가 나온다. 옛 예배당을 허물고 두 배 규모인 새 예배당을 세운 지 일 년도 채 안 된다. 그런데도 벌써 교회당이 꽉 찬다. 어른들을 위하여 어린이 예배는 따로 드려야 한다는 이야기가 나오고 있다. 지난달 등록된 교인

중 평균 출석자는 166명이다. 그 외에도 적지 않은 구경꾼들이 온다.

주일학교 출석 인원도 늘어나고 있다. 켈리 부인이 여성과 아이들을 지도하고, 켈리 목사가 남성들을 지도한다. 젊은 부부와 소녀반은 주간 학교에서 모이고, 나이든 여성과 읽지 못하는 사람들은 교회당에서 모인다. 남성과 소년들은 옆집에 모여 공부한다. 주일 오후에는 임명된 교인들이 둘씩 짝을 지어 마을로 나가 집집을 방문하며 전도한다. 새해 첫째 주에 기도회가 열렸고, 많은 교인이 신실하게 참여하였다.

교회가 성장하는 만큼 박해도 더 하여지고 있다. 서울의 매서인이 우리 지역에 와 우리 사람들에게 성경판매를 지도하는데, 경찰이 그를 체포하여 벌금을 부과하였다. 우리 선교부가 벌금을 내주었지만, 서울에서도 조사가 계속된다고 한다. 성경을 구매한 사람들에게는 책을 반환하라고 하였다.

최근 교인이 되어 성경을 구매한 이웃의 한 청년이 있었다. 그의 조부는 화를 내며 그 책을 담 밖으로 던졌다고 한다. 그러나 조모는 남편이 '신의 책'을 함부로 대하는 것을 보고 두려워 그 책을 주어 다시 가져왔다고 하였다. 그런데 이상하게도 그 조모가 사망하였다. 교인들은 그녀를 기독교식으로 장례를 치러주기를 원했지만, 그렇게 할 수 없었다.

여러 곳에서 박해가 일어나자 교회는 특별 새벽기도회를 열었다. 이번 주 매일 오전 6시에 50~60명의 교인이 모여 기도하고 있다. 어떤 교인들은 시계가 없어 온밤을 새우기도 하고, 어떤 교인은 시간을 잘못 알고 새벽 3~4시에 나오기도 하였다. 새벽예배에서는 인도자가 먼저 성경을 읽고, 기도의 제목을 준다. 그러면 교인들이 연달아 기도하는데 잠시의 끊어짐도 없이 이어진다.

켈리의 구역에 제칠일안식일예수재림교회가 전도처를 열고 홍보지를 나누어주고 있어 유감이다. 교인 중 한 명이 이것을 교회에 보고하였고, 교회는 내부 분열이 없도록 교인들에게 광고하였다. 우리 교회 조사와 지도자들이 주말에 그곳을 방문하였고, 켈리도 그다음 주에 방문하였는데 큰 문제는 없는 듯하다. 그 전도처에 한 명만 일하고 있고, 그도 곧 떠나기를 우리는 희망한다.

(더 크로니클, 1915년 5월 1일, 5-6)

6. 여학생의 자부심

거창의 일은 잘 진행되고 있다. 학교의 학생 수가 증가하고 있고, 그들의 외모와 옷차림은 안 믿는 가정의 아이들과 확연히 구별된다. 학생 중 몇 명은 주일예배에 출석하고 있다. 거창의 이 첫 여학교에 우리는 큰 희망을 걸고 있다. 현재 스키너와 교사들은 여름방학 전 학기를 마무리하고 있다. 여학생들의 자부심도 크다.

우리의 전도부인은 부산의 성경학원에 참가하고 있다. 모두 두 달 동안 떠나 있을 것이다. 그녀는 이곳에서 일을 잘하여 왔고, 그녀의 빈자리가 느껴진다. 켈리 부인은 세례문답반을 지도하며, 세례받기 원하는 교인들을 돌본다. 문답반에는 현재 12명의 여성이 있는데 나이 든 여성들은 가르치기 매우 힘들지만, 열심히 공부하고 있다. 세례반에는 7명이 공부하고 있다. 시험에 합격하면 다음 주 주일 세례받은 부모의 아이들과 함께 세례를 받을 것이다.

새 예배당이 세워진 지 15개월 되었다. 마지막 남은 빚을 털기 위하여 5월 중 세 번 특별 헌금을 하였다. 이제 새 예배당도 공간이 부족하기 시작한다. 교인들은 전에 했던 말을 다시 하고 있다. "예배당 안에 자리도 없는데 새 교인을 전도해 오면 무엇 합니까?" 우리는 이들의 말에 동의한다. 특히 더운 여름날에 꽉 붙어 앉기는 너무 힘들다. 6월에 교회는 세 번에 걸쳐 다시 헌금하기 시작하였는바 교회당을 두 배로 넓히려면 10파운드가 더 필요하다. 교인들은 가난하여도 최선을 다하고 있다.

[더 크로니클, 1915년 8월 2일, 6]

7. 안의와 곰남 순회

최근 우리는 우리의 목사님을 많이 보지 못하고 있다. 먼 지역의 교회를 방문하고 있기 때문이다. 켈리는 7일 동안 100마일 이상을 걸었고, 많은 교회에서 예배를 인도하며 성찬식을 집례하며 견책하였다. 지난번 편지 이후 신비한 순회 전도에 나는 스콜스를 초청하였다. 아직 매우 추운 날이었다. 가는 길에 눈이 와 아름다운 풍경이 펼쳐졌다. 그러나 나귀가 문제였다. 나를 좋아하지 않는지 몇 번이고 떨어질 뻔하였다. 그럴 때마다 나는 고삐를 단단히 쥐고 버텨야 한다.

이른 오후에 우리는 안의에 도착하였다. 이곳에서 스콜스를 만나기로 하였다. 그러나 그녀는 진주에 발이 묶여 그다음 날에나 올 수 있었다. 이곳의 교인들은 전도부인과 내가 이렇게 일찍 도착하리라 예상 못 하여 예배당에 불을 지펴 놓지 않았다. 우리는 할 수 없이 온돌이 있는 작은 방을 빌렸다. 우리 둘만으로도 너무 작은 방인데 여성들과 아이들까지 들어 와 인사를 하였다.

우리는 함께 찬송을 불렀고 이들 대부분 자신의 책을 가지고 왔다. '예수 사랑하심은'은 노인이나 어린이나 할 것 없이 모두 좋아한다. 비록 음정은 틀려도 말이다. 이 교회는 거창에서 1마일 정도밖에 안 떨어져 있지만, 이곳에 교회당이 있으면 다른 지역에서 많이 참석할 수 있다고 한다. 지금은 한 작은 집을 예배당으로 개조하여 사용하고 있는데, 짧은 기간에 40명 정도가 모이고 있다.

우리는 이후 5개의 마을을 더 방문하였다. 대부분 약하고 지도력이 필요한 교회이다. 여성들은 스콜스를 에워싸며 그녀가 더 머물러 주기를 간청하였다. 우리가 떠날 때는 동구 밖까지 걸어 나와 환송해 주었다. 우리가 지나친 많은 마을에 아직 기독교 가정이나 교회가 없다. 한국인 전도자들의 담당인데 우리는 우리의 불완전한 언어로 이들을 전도하기 어렵다.

곰남에는 언덕 위에 작은 예배당이 있다. 그곳에서 교인들과 예배를 드렸다. 저녁에는 구경꾼들이 모여들었고 전도부인은 그림책을 가지고 그들에게 복음을 전하였다. 쪽 복음서도 나누어 주었다. 한 소녀는 그 책을 받아 집에 갔는데 다음 날 아침 다시 왔다. 글을 읽지 못하여 책을 다시 돌려준 것이다. 어떤 아이는 부모가 돌려주라 한다며 책을 반환하기도 하였다.

〔더 크로니클, 1915년 8월 2일, 6-7〕

8. 주간반과 야간반

마산포에서 선교사공의회가 열렸다. 거창에 관한 두 가지 중요한 결정이 있었다. 먼저 각 선교부의 사역이 가능한 동등하여야 한다는 것이다. 켈리가 거창 지역을 책임 맡았고, 마산포의 라이얼이 휴가를 떠나므로 그 자리에 매크레이가 임명되었다. 우리는 토마스 부부가 어서 거창으로 와 우리와 협력하기를 원하고 있다. 우리는 그들을 환영할 것이고 비어있는 이곳의 집을 차지해 주기를 바란다.

다음은 이곳의 교육 활동과 관계된 것이다. 당국의 새 법령과 규정이 어떤 영향을 미칠지 확실히 파악될 때까지 우리 여학교 건물 건축을 일단 보류하기로 하였다. 여학생의 수가 점차로 늘어나고 있지만, 학교로 사용하고 있는 초가집은 아직 쓸만하다. 비기독교 집안의 학생들이 우리 교회와 주일학교에 참석하는 모습을 보는 것은 큰 즐거움이다. 이들의 외모가 그 이후 많이 달라졌다.

9월 말에 두 번째 교사를 임명하였고 매우 만족스럽다. 스키너는 그러므로 시간을 내어 주간반에 참석하지 못하는 젊은 여성과 소녀들을 위하여 야간반도 열 수 있게 되었다. 아직 그 수는 적지만 미래가 기대된다.

여름휴가 후에 돌아오니 교회당이 확장되고 있었다. 교인들은 그 일을 위하여 무엇이든지 하려 하였고, 지난주에는 30엔을 헌금하여 건축 비용에 더하였다. 여성들은 자신들이 모은 돈으로 교회에 시계를 살 수 있어 기뻐하였고, 나아가 작은 일제 오르간도 구입하기 원하고 있다. 지금까지는 켈리의 오르간을 비가 오나 햇빛이 나나 이곳저곳 옮기며 사용하였다. 여성들은 자신들의 힘으로 새 풍금을 교회에 기증하기 원한다.

[더 크로니클, 1916년 2월 1일, 3]

9. 여덟 개 교회 방문

　묵실은 우리 근처 이방 마을이다. 이곳에 스키너가 학교 교사의 도움을 받아 여학생을 위한 주일학교를 시작하였다. 아이들이 흥미를 보이고 있다. 켈리가 이 마을에서 남성과 소년들을 위하여 한동안 일을 해 왔었다. 그는 이곳에 작은 초가집 한 채도 매입하여 성경반으로 사용하였고, 아이들이 와 공부도 하였다. 지역의 한 총명한 여성이 거창에 거하며 우리를 돕고 있어 매우 다행이다. 전도부인이 바빠 가지 못하는 교회를 방문하여 주일학교를 지원하고 있다.
　최근 우리는 우리 지역 8개의 교회를 방문하였다. 좋은 지도자가 있는 교회는 성장하고 있었고, 그렇지 못한 교회에는 작은 무리가 비기독교인들 사이에서 신앙을 지키고 있었다. 한 마을에서는 여성들이 나를 마을 동산 위에 데리고 가 아름다운 풍경을 보여주었다. 그들의 속마음은 내가 그곳에 집을 짓고 남아주기를 원하는 것이었다. 거창에는 외국인 선교사가 몇 명이나 있는데 이 지역에도 오면 좋겠다는 이야기였다.

순회 길에 전도부인이 구경꾼들에게 열정적으로 전도하였다. 우리는 마침내 함양읍에 도착하였다. 늦은 시간이었다. 다음 날 아침 많은 사람이 외국인 부인을 보러 왔다. 벌써 소문이 난 것이다. 전도부인은 '예수의 일생'이란 그림책을 보여주며 그들에게 전도하였다. 점심때가 돼서 우리는 식사를 하고 다음 마을로 길을 떠났다.

[더 크로니클, 1916년 2월 1일, 3-4]

10. 학교에서 서당으로

지난 1월 21일 당국은 우리에게 학교를 등록하던가 문을 닫으라고 명령하였다. 학교 등록의 의미는 새 규정에 따라 종교 교육을 못하는 것이다. 선교사공의회의 결정에 따라 우리는 학습을 멈추었는데 기독교 교육을 못 하니 차라리 다른 길을 찾아보자는 의견이었다. 학교에서는 당분간 한자 공부만 시키고, 성경공부는 우리 집에서 하기 시작하였다.

2월 10일 우리는 이 학교를 '서당'[15] 혹은 마을 학교란 이름으로 문을 열었다. 세 과목을 가르치는데 한자, 한국어 그리고 산수이다. 성경도 매일 가르치고 있다. 여학생을 위한 정식 학교가 없을 때 이런 형

---

15) 에버리는 영어로 'sohtang'으로 표기 하였음.

태의 학교도 매우 가치 있다. 스키너는 두 명의 교사에 매우 만족한다. 이들은 훌륭한 기독교인으로 주간과 야간에서 가르치고, 동네에서 가르치고 전도도 한다. 그런데 스키너가 오는 4월 마산으로 임명된다는 말이 있다. 그곳의 학교를 돌보기 위함이다. 그 학교를 맡고 있던 맥피가 순회 전도를 시작하였다. 만약 그렇게 되면 스코트가 계획보다 빨리 거창으로 오게 될 것이다.

지난 토요일 오전 10시, 19명의 여성이 교회당에 모였다. 이들은 먼저 기도하고 두 명씩 짝을 지어 전도를 나갔다. 이날 209명이 복음을 들었고, 교회에 나오라고 초청받았다. 토요일은 전도하기 좋은 날인데 비기독교인들은 일요일이 어느 날인지 잘 모르기 때문이다. 실제로 그다음 날인 주일에 낯선 얼굴들이 보여 매우 격려가 되었다.

[더 크로니클, 1916년 5월 1일, 2-3]

11. 남자 성경반

2월 8일부터 15일까지 남자 성경반이 열렸다. 평균 65명이 참석하였다. 켈리의 조사가 오지 못하여 한국인 목사가 와 가르쳤다. 이 기간 매일 저녁 여성과 남성을 위한 특별 부흥회가 열렸고, 새 신자들도 생겨 현재 교회에 출석하고 있다.

켈리 부인은 주중 세례문답반 강의를 시작하였다. 우리 교회의 서너 가정에 병자가 있어 그들을 방문하고 있다. 또한 약을 필요로 하는 사람들이 우리를 매일 방문하고 있다. 연례 여성성경반은 3월 셋째 주에 열릴 예정이다. 나의 교사는 우리 지역 교회들에 초청 편지를 쓰느라 바쁘다.

   3월 4일 토요일, 부산진에 배가 도착한다. 토마스 부부와 앤더슨 씨가 이곳에 올 생각으로 우리는 벌써 들떠있다.

[더 크로니클, 1916년 5월 1일, 3]

12. 세례와 징계

   우리 선교부의 일과 시골 사역 그리고 한글 공부로 우리는 바쁘다. 지난달 가장 큰 기쁨은 10명의 여성과 3명의 남성이 세례문답반 시험을 통과하고, 8명의 여성과 4명의 남성이 세례를 받았다는 사실이다. 어떤 교인은 징계를 받았는데 교회를 순수하게 유지하기 위함이다. 한 남성이 죄에 깊이 빠져들었는데 안타깝게도 우리 전도부인의 남편이다. 그의 행실은 전도부인에게도 영향을 미쳤고, 그러므로 그녀는 더는 이 지역에서 전도부인으로 활동하지 못하게 되었다. 우리는 그 자리에 평양에서 훈련을 받은 여성을 찾고 있고 다음 달 아마 부임할 것 같다.

   1.5마일 떨어진 큰 마을에 우리는 일요일 마을학교를 시작하였

다. 비 기독교인 가정의 아이들 수가 점점 증가하고 있다. 현재 27명 정도가 출석하고 있다. 우리가 이 마을에 도착하면 입구부터 아이들이 따라온다. 학교로 사용하는 집에 도착하면 한 무리의 아이들이 마당에 서는데, 옷을 반만 입은 아이, 씻지 않아 더러운 아이, 신발이 없는 아이, 갓난아기를 업은 소녀 등이다. 구경꾼과 아기의 울음소리로 우리 수업이 방해를 받지만, 학생들은 열심히 배우고 성경 구절을 암송하며 찬송을 부른다. 우리가 질문하면 큰 소리로 자랑스럽게 대답도 한다.

마을에서 수업할 수 있는 방을 찾기란 쉽지 않은 일이다. 대부분 집에는 방 두 개가 있고, 두 가정이 살기 때문이다. 우리는 벌써 세 번이나 이사하였고, 한번은 창고에서 공부하기도 하였다. 방을 기꺼이 제공하는 집도 있지만 가족원이 아프거나, 주일을 잊어버리거나, 시장이나 마실 가느라 문을 잠그는 일도 다반사이다. 지금의 방은 넓고 열려있어 여름 시기에 안성맞춤이다. 스키너는 떠났고, 학교 교사도 방학이지만 다행히 교회 여성들이 봉사하고 있다.

[더 크로니클, 1916년 10월 2일, 3]

13. 감시받는 서당

6월 30일 금요일, 주간 학교는 방학식을 맞았다. 켈리 부인이 지난 3월부터 학교를 맡았는데 그녀의 여성 사역 위에 더한 책임이다. 학교의 우수한 교사 한 명이 마산의 학교에 임명을 받아 그곳으로 가게 되어 우리는 아쉬웠다. 그녀는 교회에서도 좋은 일꾼이었다.

6월에 비기독교인 가정에서 온 6명의 학생이 우리 학교를 떠났다. 그 이유를 알아보니 막 시작된 일본 학교에 다니기 원한다는 것이었다. 우리의 나머지 학생 대부분은 교인 가정에서 왔기에 더는 잃어버리지 않을 것이다.

지방 당국은 우리 학교를 주의 깊게 감시하고 있다. 그들은 정기적으로 켈리를 불러 교사와 가르치는 과목에 관하여 묻는다. 우리는 여전히 '서당'으로 세 과목만 가르치고 있다.

[더 크로니클, 1916년 10월 2일, 3]

14. 이 땅에도 오신 주님

성탄절이 오고 갔다. 거창교회는 예배당을 교인들이 장식하였는데 한국인들이 생각하는 예술은 매우 기이하다. 성탄 예배 인도를 토마스가 하였고 켈리는 한 중요한 시골교회의 성탄 예배를 도우려 출타하였다. 켈리와 스코트가 훈련한 어린이들의 찬양 소리가 특별히 즐거웠다. 예배 후 우리 교회의 아이들은 물론 마을 학교에서 온 어린이들이 사탕, 과자, 오렌지 등을 선물로 받았다. 모두 180명의 어린이였다. 아이들은 그 선물을 부모들과 나누며 즐겁게 지냈다.

오후에는 여성과 어린이들이 우리 집 마당으로 와 게임을 하며 놀았고, 날씨가 추워지자 그들은 점차로 집으로 돌아갔다. 몇 명의 어린이들만 따뜻한 학교 교실 안으로 들어와 놀이를 계속하였다.

저녁에는 켈리가 지도한 젊은이들이 연극을 하였다. 복음이 전 세계로 어떻게 퍼져나갔는지에 관한 내용이었다. 학교 여학생들도 노래와 찬송을 하였고, 관객들의 큰 박수를 받았다. 이들은 사실 이날 새벽송도 돌았었다. 오전 4시가 지나 아직 잠자리에 있을 때 이들의 달콤한 캐럴을 듣는 것은 큰 특권이었다. 이 땅에도 주님이 오셨다는 것을 깨닫게 해 주는 기쁜 시간이었다.

성탄절 다음 날, 부산진의 멘지스, 데이비스 그리고 호킹이 거창을 방문하였다. 그런데 거창을 거쳐 진주역으로 가는 버스에 사람이 많아 이들은 타지 못하였고, 50마일 거리를 마차를 타고 왔다. 밤 10시 30분에서야 이들은 이곳에 도착하였고, 매우 피곤해하였다. 그런데도 우리는 이들과 함께 즐거운 시간을 보냈다. 다음 방문자들은 좀 더 편안히 이곳 오지까지 오기를 바라는 마음이다.

[더 크로니클, 1917년 3월 1일, 3]

15. 가을 순회

10월과 11월은 순회하기 좋은 계절이다. 이번에는 13개의 교회를 방문하였다. 그중 몇 교회는 슬픈 모습이었다. 한 교회는 5명의 여성 교인이 전부였는데 그마저 읽지 못하는 여성들이었다. 또한 다섯 명 중 세 명이 50대 이상이었다. 저번에 이들이 18마일 떨어진 거창까지 와 우리에게 도와달라고 하였었다. 이 마을은 불교가 왕성하여 전도하기 더 어려운데 교회 지도자인 한 남성마저 자신의 책임을 등한시한 지 오래되었다고 한다. 이것은 거창과 가까운 거리에 있는 교회들과 대비되는데 그 교회들은 거창교회 지도자들이 자주 방문하여 교회에 활력이 있다.

이번에 방문한 두 교회는 여성들이 성실하게 활동하여 그들의 영향으로 교회가 유지되고 있었다. 평양에서 온 우리의 전도부인도 이곳을 방문하며 전도하고 있고, 특히 믿는 여성들을 잘 가르치고 있다. 그녀는 부임한 이래 거창교회뿐만 아니라 우리 지역의 23개 교회를 모두 방문하며 돌보고 있다. 다음 주부터는 두 주간 시골에서 성경반을 개최한다. 평양성경학원 교장이 또 다른 전도부인을 추천하였다. 우리는 그녀를 이곳에 초청하였는데 아직 대답을 못 듣고 있다. 두 명의 능력 있는 한국인 여성과 나의 발전되는 한국어 그리고 스코트의 활동으로 올해는 좀 더 소외된 지역을 순회하기 원한다.

[더 크로니클, 1917년 3월 1일, 4]

16. 학교 건축 계약

최근 학교에 변화가 있었다. 작년에 결혼한 우리의 수석 교사는 자신의 고향으로 돌아갔다. 그리고 그 자리에 우리 이웃인 미국선교부 지역에서 한 여성이 왔다. 11월 학교 건물 건축을 위한 계약이 체결되었다. 새 건물은 필요 시 교회의 교실로도 사용될 것이다. 우리는 건물이 세워져도 정부에 등록하지 않고 현재의 위상을 유지할 계획이다. 학교를 등록하면 건축도 그만큼 늦어질 것이다.

〔더 크로니클, 1917년 3월 1일, 4〕

17. 합천 지역 순회

무더운 여름철이다. 개구리들은 여름을 즐기는지 밤마다 우렁차게 울고 있다. (중략) 토마스 부부와 아들 잭 그리고 스코트는 이번 주 원산 바다로 떠났다. 그곳에 한국어 반이 한 달 동안 열린다. 스코트는 자신의 한국어 교사를 대동하여 갔는데 한국어 공부를 위함이다. 그녀는 그 후 부산진에서 휴가를 보낼 것이다. 켈리 부부와 어린 두 아들 그리고 나도 좀 더 시원한 곳을 찾아 떠날 계획이다.

지난봄 나는 합천 지역의 8개 교회를 순회하였다. 성장하는 교회도 있고 약한 교회도 있다. 어떤 교인들은 매우 가난하였고 심각한 병중에 있기도 하였다. 한 곳에서는 하루 한 끼도 못 먹어 산에서 풀을 뜯어 연명하는 사람들도 보았다. 이곳에 있는 동안 전도부인은 먹을 것을 구하지 못하였고, 나의 음식을 나누어 먹었다. 그녀는 일주일 후에 다시 이곳을 방문하였고 쌀을 가지고 와 나누어 주었다.

4월 5일 오전 9시, 전도부인과 나는 합천읍교회를 향하여 떠났다. 우리는 나귀를 타고 30마일을 가 한국인 여관에서 점심을 먹고 2시간 정도 쉬었다. 그리고 다시 길을 떠나 오후 7시쯤 합천에 도착하였다. 그곳의 조사가 자신의 집 방 한 칸을 숙소로 마련해 주었는데 교회당보다 훨씬 편하였다. 우리는 이곳에서 5일 동안 오전과 오후 성경반을 인도하였다. 저녁 예배에는 안 믿는 친척들과 친구들이 참석하여 큰 무리가 되었다. 전도부인은 이들에게 열정적으로 설교하였다. 믿는 여성들은 찬송과 기도를 하였다. 새 신자가 나왔고, 교회에 출석하겠다고 약속하였다. 분위기도 좋았고 여성들은 공부도 잘하였다.

　다른 마을에서는 한 여성이 자신의 아이를 데리고 와 말하였다. 아이가 아팠는데 진주의 병원에 가서 고침을 받았다는 것이다. 그녀는 큰 소리로 그곳의 의사와 간호사를 칭송하며 그곳에서 받은 친절함에 감사하였다. 그녀는 지금 전도를 열심히 하고 있는데 저녁 예배에 안 믿는 친척 두 명을 데리고 오기도 하였다. 치유의 사역이 이렇게 이들의 마음을 움직이고 있다. 그 후 우리는 여덟 개의 산이 있는 팔산을 향하여 걷기도 하고 나귀도 탔다. 그곳의 두 교회에서 우리는 하루씩을 보냈다.

　순회를 다 마치고 전도부인은 부산진의 성경학원에 두 달간 공부하러 떠났다. 나는 집으로 돌아와 편한 잠자리에 들 수 있었다. 스코트는 평양에서 온 우리의 다른 전도부인 김 부인을 대동하여 5일간의 순회를 떠났다. 이렇게 우리 지역의 교회들은 올해 우리의 방문을 최소한 한 번씩을 받게 되었다.

[더 크로니클, 1917년 9월 1일, 3-4]

18. 성인과 유아 세례

부산진의 성경학원에서 공부한 거창의 우리 여성 3명 중 한 명이 이번에 졸업하였다. 5년의 과정을 다 마쳤다. 그녀는 오늘 자랑스럽게 수료증을 우리에게 보여주었다. 다른 여성들은 3학년과 4학년을 마치었다. 이 여성들과 전도부인으로 우리의 주일학교와 성경반들은 예전과 같이 교사의 부족으로 어려움을 덜 겪게 되었다.

켈리 부인은 세례문답 예비반을 준비하고 있다. 6월 24일 주일, 11명의 여성이 문답반에 허입되었고, 또 다른 11명은 시험에 합격하여 세례를 받았다. 이들은 신성한 서약을 하고 친척과 친구들의 박해와 유혹을 견디며 그 약속을 지키기 위하여 고군분투한다. 그 모습을 보는 것은 감동적이다. 오후에 열린 성찬예배에 세례받은 자들이 처음으로 성찬을 받았다. 구원의 사랑으로 어둠에서 빛으로 나와 정결케 되고 성화 되었다.

7월 첫 주에는 10명의 한국인 아기가 유아 세례를 받았다. 영어로 된 짧은 의식도 있었는바 켈리의 아들 데이비드와 토마스의 아들 존도 세례를 받았다.

마을에서 운영되는 두 개의 야간학교가 지난주 휴학하였다. 바쁜 농촌의 시기이기 때문이다. 소녀들은 온종일 일하고 저녁 9시나 돼서야 집안일까지 마치므로 그 후 공부하기에는 너무 피곤한 것이다.

[더 크로니클, 1917년 9월 1일, 4-5]

19. 완공된 학교 건물

스코트가 마산으로 임명된 후, 이곳 우리 집은 문을 닫았다. 나는 현재 토마스 부부 집에 거주하고 있다. 토마스는 스코트가 발전시키던 학교 교장직을 기꺼이 대신하겠다고 하였다. 켈리 부인과 토마스 부인의 도움 없이는 거창의 여성과 아이들 사역이 어려울 것이다. 우리는 위더스의 부임을 기다리고 있고 그녀는 1월 말 라이얼 부부와 데이비스 박사와 함께 한국에 도착할 것이다.

여학교는 계속되고 있으며 학생 수가 늘어나고 있다. 야학은 일주일에 이틀 열리는데 주간반에 나올 수 없는 학생을 위함이다. 읽고 쓰기를 원하는 젊은 여성들이 이 기회를 놓치지 않고 나온다. 한글과 한문 공부 외에 성경공부도 잘하고 있다.

우리 학교 건물은 12월 말에 완공되었다. 매우 든든하게 보인다. 일본 당국의 규정에 따르면 이 건물을 현재의 세 과목 가르치는 학교로도 안된다고 하는 것 같다. 유치원과 야간반을 위해서만 사용하라는 것이다. 교회는 연례 성경학원과 성경반을 위하여 잘 쓸 것이다. 다만 그런 성경반을 위하여 시골에서 오는 여성들의 숙소가 문제이지만 말이다.

성탄절 전 우리는 여학생들의 모친을 초청하여 교제하는 시간을 가졌다. 그리고 우수한 28명의 학생이 상품을 받았다. 상품에는 진홍색이나 초록색 장갑 그리고 가방을 만들 멋진 천 등이었는데 학생들은 자신의 상품을 풀어보며 좋아하였다. 상급반 학생들은 빨간색 비단 띠를 받았는데 그것으로 리본을 만들 수 있었다. 긴 머리를 가진

여학생들이 이 상품을 좋아하였다. 그 외 학생들은 공책과 연필을 받았고 모두 행복해하며 집으로 돌아갔다.

    점점 비싸지는 이곳의 음식과 옷, 그리고 다른 생활용품으로 인하여 전도부인과 조사들이 순회 나가기 어려워하고 있다. 전에는 시골의 교회에서 순회 전도자들에게 음식도 주고 잠자리도 제공하였지만, 지금은 자신들도 음식이나 불을 피울 땔감을 잘 못 구하고 있다. 그래서 전도부인이 찬 방바닥에서 불편하게 잠을 자야 하는 상황인 것이다. 그런데도 그들은 최선을 다하여 순회를 다니고 있다. 추운 달이 두 달 더 남았는데 상황이 나아지기를 희망한다.

[더 크로니클, 1918년 4월 1일, 4-5]

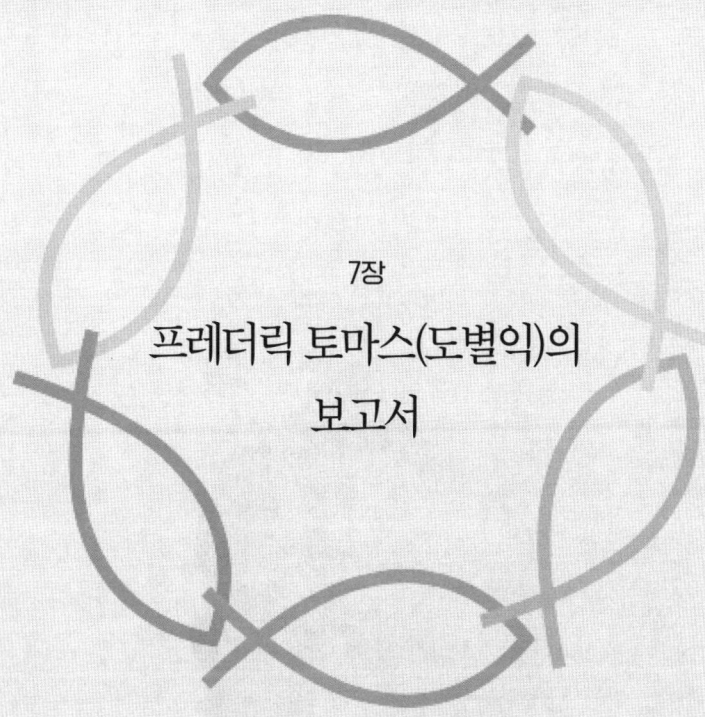

7장
프레더릭 토마스(도별익)의 보고서

(Frederick Thomas, 1884-1963, 한국명: 도별익)

1. 잘 알려진 인물

프레더릭 토마스 목사 부부는 거창의 매크레이 부부가 마산포로 떠나므로 그 자리에 임명받아 떠난다. 토마스는 국내 선교지에서 잘 알려진 인물이다. 부부는 친교연합회와 다른 주의 많은 친구의 축복 속에 떠나게 되었다.

[더 메신저, 1916년 1월 1일, 1]

2. 고생과 불편함

프레더릭 토마스 목사 부부가 한국의 새 선교사로 임명되었다. 곧 그는 우리를 떠날 것이다. 이곳에서의 삶의 방식을 버리고 동양 사람들을 목회하기 위하여 그들의 방법을 따를 것이다. 편안하고 조용하고 온전한 안정적인 생활에서 고생과 불편함이 있는 땅으로 간다. 그러나 그들은 위대한 일을 위하여 결단하였고, 그들의 친교회 친구들은 은혜의 보좌에서 그들을 매일 기도로 기억할 것이다.

1월 18일 화요일 8시, 총회 회관에서 친교회 대회가 열리고, 토마스 부부를 환송할 것이다. 특히 친교회 회원들은 모두 나와 회원들을 대표해서 떠나는 이들을 위해 기도할 것을 기대한다. 선교에 관심 있는 사람들은 모두 환영하며 회관이 가득 차기를 희망한다. 총회장 로스 목사, 프랭크 페이튼 목사, 친교회 회장 앤더슨 씨 등이 참석한다. 투락교회 성가대가 찬송을 인도하며 성가를 부를 것이다.

[더 메신저, 1916년 1월 14일, 27]

3. 환송 예배

토마스 부부 환송 예배가 지난 화요일 총회 회관에서 열렸다. 매우 성공적인 집회였고, 열정이 넘치는 예배였다. 모두 300명 정도가 참석하였다. 그는 말하기를 제국의 부름과 하나님의 부름 사이에서 어려운 결정을 하였지만, 한국의 부름에 응답하는 것이 하나님에 대한 자신의 의무를 다하는 것이라 하였다.

[더 메신저, 1916년 1월 26일, 34]

4. 약속

토마스 부부가 떠날 날이 가까워지고 있다. 우리가 그들의 친구라는 것은 말뿐이 아니라 행동으로 보여야 한다. 우리가 그들의 선교 활동에 깊은 관심을 보이면, 그들은 더 큰 가슴을 가지고 한국으로 갈 것이다. 우리는 우리가 지원하겠다는 약속에 신실하게 책임져야 한다. 그들은 우리의 기도를 더 깊게 할 것이다.

그들이 우리의 땅에서 멀어질수록 하나님은 그들을 더 가까이 보호할 것이다. 그들과 우리 사이의 거리가 멀어질수록 우리는 우리의 책임과 그들의 필요를 더 잘 알 것이다. 이 말씀보다 더 좋은 축복이 없을 것이다.

"여호와는 네게 복을 주시고 너를 지키시기를 원하며 여호와는 그의 얼굴을 네게 비추사 은혜 베푸시기를 원하며…"

(더 메신저, 1916년 1월 21일, 43)

5. 그는 누구인가

프레더릭 토마스는 1884년 토마스타운에서 태어났다. 그곳에서 그는 학교에 다녔고 그 후에는 크로이든에서 다녔다. 학교생활 후에 그는 과수원에서 몇 년 일하다 콥덴의 가게에서 일하기도 하였다. 이곳에서 교회 일도 시작하였고, 그 지역 면려회와 주일학교 책임자가 되었다. 포이스터 목사의 설교를 듣고 그는 국내선교위원회에 자원하여 여러 지역에서 봉사하였다.

    토마스는 1913년 신학교에 입학하여 1915년 공부를 잘 마치었다. 그는 교회의 해외 선교 부서에 자원하였고, 친교연합회의 한국선교사로 임명을 받았다. 10월 2일 토마스는 브런즈위크의 엘시 힐과 결혼하였고, 그녀도 그와 함께 선교 현장으로 떠난다.

(더 메신저, 1916년 1월 28일, 51)

6. 불이 나다

    오전 10시에 경고음이 울렸다. 그러나 불은 이미 타오르고 있었다. 켈리의 집이었다. 내가 도착하였을 때 켈리와 앤더슨 그리고 몇 명의 한국인이 불을 끄고 있었다. 불꽃이 지붕을 뚫고 나오는 것이 보였다. 집 전체가 화염에 싸일까 봐 두려웠다. 곧 사람들도 몰려와 물을 날랐다. 결국, 불은 바닥과 위층만 태운 채 꺼졌다. 한국인들은 하나님이 도왔다고 하였다. 정말 그런 것 같았다.

    한국인들의 도움이 컸다. 여인들도 항아리에 물을 머리에 이고 와 도왔다. 우물이 100야드나 떨어져 있는데 말이다. 집안의 모든 가구를 밖으로 끌어냈다. 그리 크게 피해를 입지는 않았다. 시내에서 온 일본 소방차와 경찰도 도움이 되었다. 우리만 있었다면 집을 지키지 못하였을 것이다.

불이 어떻게 났는지는 미스터리이다. 천정에 쥐들이 있었는데 굴뚝이 매우 뜨거워져 가까이 있던 쥐 집에 불이 붙었을 것이라는 추측이었다. 우리는 다른 집에 이런 일이 발생하지 않도록 조처를 할 것이다.

[더 메신저, 1916년 7월 14일, 435]

7. 승리의 감정

(중략) 우리는 지금 더운 여름을 지나고 있고, 장마도 겹쳐있다. 육체적으로 피곤한 시기이다. 비도 많이 와 모든 강과 시냇물이 넘친다. 작은 다리들은 모두 쓸려 내려가 이웃 마을을 방문하기조차 어렵다. 지금 우리 부부만 이곳 선교부에 남았다. 켈리 부부와 에버리 그리고 스코트는 원산에 가 있다. 북동쪽에 있는 바닷가인데 7월 대부분을 그곳에서 지낸다.

한 달 전쯤 우리는 이곳에서 첫 성찬식에 참여하였다. 호주와는 매우 다른 성찬식 풍경이었다. 이날 11명이 세례를 받았고, 73명이 성찬을 받았다. 나는 한국인들의 도움을 받아 성찬을 들고 한국인들에게 나누어 주었다. 유대인이나 헬라인이나 다 그리스도 안에서 한 형제들이라는 바울의 말에 동감이 갔다. 문화와 색깔을 넘어 하나 됨의 놀라운 힘을 실제로 경험하였다. 선교사가 주님을 위해 전도한 남녀와 다른 인종의 사람들에게 성찬식을 베풀 때 승리의 감정이 있다. 우리 아니면 이들이 복음을 어떻게 들었을까 하는 인간적인 생각도 들었다.

(더 메신저, 1916년 9월 29일. 611)

8. 모터사이클

토마스의 한국 선교 활동을 돕기 위하여 모터사이클을 신속히 보내기로 만장일치로 동의하다. 그는 250개의 마을을 돌보고 있다. 그곳에서의 물가 상승과 나귀 빌리는 비용이 크게 상승하여 그는 현재 도보로 순회하고 있다.

연합회의 회계 캐롤 씨는 가능한 한 빨리 기금을 모아 비용을 송금하기 원한다. 333 Collins Street.

(더 메신저, 1919년 10월 3일. 638)

9. 마을 학교의 성과

이곳 한국에 친교는 있지만, 호주의 친교회 같은 조직은 없다. 내가 있는 지역의 교회들 안에 친교와 형제애의 정신이 분명히 있다. 이곳의 교회는 초기 단계로 옛 습관과 단절하여 사회에서 고립되어 살 수밖에 없을 때 같은 기독교인과의 교제는 소중하다. 교회에 처음 나온 사람 중에 따뜻한 환영을 받지 못한 사람은 없을 것이다.

한국인들은 본능적으로 사회적이고 예의 바른 사람들이다. 예배에 처음 나온 사람은 교인들에 의하여 관심과 돌봄을 받고 다음 모임에도 초청을 받는다. 또한 이웃이 어려움에 빠지면 이들은 기꺼이 돕기를 원하며, 형제애가 교회의 가장 큰 덕목 중 하나로 여긴다.

지난 몇 개월 동안 거창의 주일학교가 성장하고 있어 매우 격려를 받고 있다. 교인들의 자녀가 자연스럽게 주일학교에 출석하지만, 이것은 작은 부분일 뿐이다. 우리는 이웃 마을로 나가 그곳에서 작은 학교를 시작한다. 보통 한 그룹의 어린이들을 모아 가르치는데 부족하지만 진행은 잘 된다. 매주 다섯 개의 주일학교를 운영하고 250명의 어린이가 참여한다. 물론 건물도 설비도 교사 인원도 부족하지만 계속되고 있다. 아마 이 아이들은 전에 제대로 교육받을 기회가 없었을 것이다. 과목에는 읽기기와 쓰기도 포함된다. 작은 방에 꽉 끼워 앉아도 창문 없는 방의 공기가 답답하여도 이들은 잘 참아낸다. 오히려 선교사가 인내하기 어려운 상황이다.

우리는 야학교도 운영한다. 주일학교가 있는 모든 마을에서 운영하지는 못하지만, 한글 읽기를 가르치며 성경을 읽게 한다. 한국인 교사들의 열정은 대단하다. 어떤 교사들은 주일에 두 번 그리고 주중 야학교에서 두 번씩 가르친다. 수년 동안 이런 형식으로 교육이 정기적으로 진행됐고, 이곳에서 배운 아이들이 얼마 안 있어 우리 교회 교인이 될 것이다. 이미 그들 중에 좋은 기독교인이 나오고 있다. (중략) 복음은 그 힘을 조금도 잃지 않고 역사하고 있다. 이곳의 남성과 여성은 그리스도를 얻고 다른 모든 것을 잃을 준비가 되어있다.

[더 메신저, 1920년 3월 5일, 149]

10. 자전거

얼마 전 우리는 토마스에게 모터사이클을 보내기로 하였다. 기금을 모금하는 중 우리에게 소문이 전달되었다. 거창 지역의 길 상태를 생각하면 모터사이클보다 자전거가 더 유용하다는 것이다. 임원회는 먼저 그곳의 상황을 확인하였고, 친교회는 토마스에게 자전거를 보내기로 결정하였다. 그리고 우리의 한국 선임선교사인 왓슨에게도 한 대 보내기로 하였다.

[더 메신저, 1920년 6월 18일, 395]

11. 왓슨의 감사

자전거가 지난주 안전하게 도착하였다. 친교회의 관대한 선물에 감사한다. 전혀 기대하지 못했던 물품이다. 토마스가 모터바이크를 갖지 못하는 대신 그와 나는 자전거를 받을 수 있었다. 토마스에게는 미안하다. 그러나 우리 집 베란다에 멋진 자전거가 놓여있는 모습에 나는 만족한다. 앞으로 이 자전거는 먼 거리 방문에 유용하게 쓰일 것이다.

[더 메신저, 1921년 2월 25일, 127]

12. 선홍 열

우리의 한국선교사 토마스 목사가 선홍 열에서 회복하고 있다는 보고이다.

[더 메신저, 1921년 6월 10일, 354]

13. 엘시

토마스 부부는 이번 5월 호주에 올 것이다. 이것은 생각보다 이른 휴가인데 의사의 권고에 따른 것이다. 그들의 딸 엘시를 위하여 한국의 여름 전에 그곳을 떠나는 것이 좋겠다는 의견이었다. 지난 두 번의 여름 동안 그녀는 병으로 매우 아파 근심하였었다. 엘시가 건강과 힘을 완전히 회복될 수 있도록 회원들은 기도해 달라.

(더 메신저, 1922년 2월 17일, 110)

14. 귀국하다

우리 선교사 토마스 부부와 가족이 멜버른에 휴가차 도착하였다. 친교회는 공식적으로 환영회를 하기로 하였다. 7월 13일 목요일 오후 8시, 러셀 가의 스코트교회 회관. 자세한 사항은 각 지부 서기에게 전달될 것이다.

(더 메신저, 1922년 6월 30일, 414)

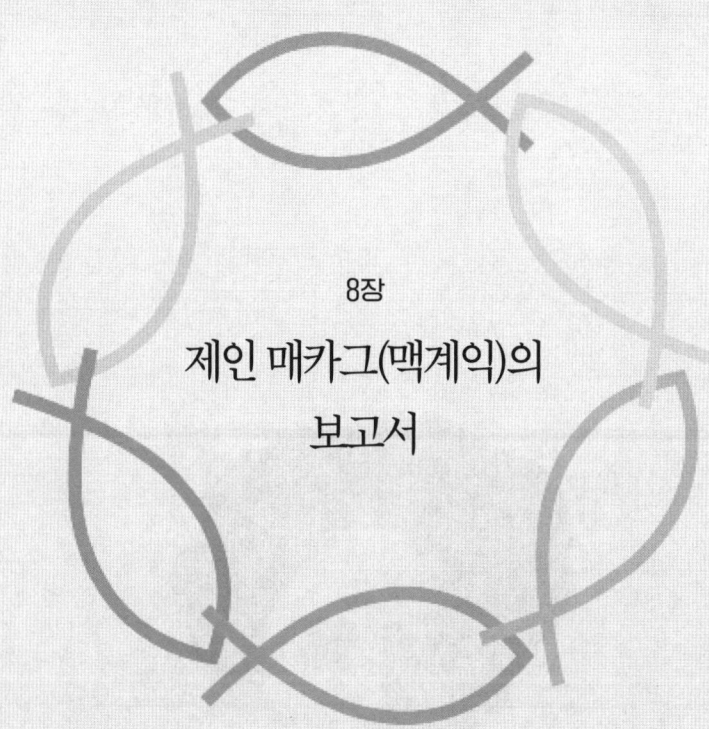

8장

제인 매카그(맥계익)의 보고서

(Jane McCague, 출생연도 미상-1974, 한국명: 맥계익)

1. 두 명의 여선교사

거창선교사: 스코트 양, 매카그 양

[더 크로니클, 1925년 10월 1일, 17]

2. 남자 선교사의 부재

매카그가 지난 9월 1일 거창으로 부임하였다. 스코트를 돕기 위함이다. 그녀의 첫인상은 그곳 교회에 지도자, 집사 그리고 사무일 직원이 부족하다는 것이다. 한 지역에 7개의 교회가 있는데 그중 한 곳만 활동적이라 한다. 이 내용은 전에 들은 것으로 거창에 남자 선교사가 몇 년 동안 부재함에서 오는 현상이다.

한 예로 한 여성이 작은 교회를 인도하고 있는데, 교사와 회계 그리고 관리자의 역할을 모두 하고 있다. 교인들이 주일을 잘 안 지키며, 자신의 자녀를 불신자와 결혼시키는 것이 교회가 성장하지 못하는 가장 큰 요인이다.

[더 크로니클, 1926년 4월 1일, 4]

3. 나이든 전도부인

한국의 호주선교사공의회는 지난 12월 1일 회의에서 성경학원위원회 제안을 받아들였다. "우리 선교회를 위하여 12년 이상 신실하게 일한 전도부인에게 재정적 지원을 한다. (1) 각 선교부는 자격이 되는 전도부인의 공적을 심사하여 공의회에 신청서를 내고, (2) 충분한 식비를 제공한다."

진주선교부의 윤복희 전도부인에게 첫 연금을 지불하되, 매달 12엔으로 한다.

[빅토리아여선교연합회 회의록, 1926년 3월 16일]

4. 시냇물 건너는 방법

지난 6년 동안 바닷가(통영)에서 살다 이곳 산골 마을로 이사한 지 벌써 몇 개월이 흘렀다. 전에는 바람이 불면 배들이 무사한지 창밖을 내다보았는데, 이제 보이는 것은 옥수수밭과 먼 산들이다.

선교사 생활의 무료함을 누가 말했던가. 한국에서의 순회 활동은 무료함과는 거리가 멀다. 심지어는 시냇물까지 여러 흥밋거리를 제공하는데 이곳에는 그것이 더 많다. 시냇물을 건너는 데는 여러 방법이 있다. 다리가 있는 곳도 있지만 대부분 그렇지 못하다. 우리가 시냇물을 건너자면 적잖은 구경꾼들이 모여든다. 그래서 직접 건너기보다 지게꾼을 불러 지게에 타고 건너는 것을 나는 선호하다.

한 마을에서 시냇물에 다리를 놓았다. 우리가 건너려는데 입구에 있던 청년이 소리쳤다. "다리로 가려면 2센을 내야 합니다. 그렇지 않으면 물속으로 건너세요." 다른 마을에서는 작은 배로 건너는데 중간에 배가 물결 때문에 방향을 잃었다. 결국은 사공이 배를 건너편에 잘 대었지만 말이다. 나귀를 타고 건너는 것은 나에게 새 기술이다. 짐을 실은 나귀 등에 올라 그 동물을 어떻게 통제할지 잘 모른다. 만약 나귀가 중심을 잃으면 물 위로 떨어지는 굴욕감을 맛보아야 한다!

산골을 순회하자면 그 아름다움과 장엄함에 취하기도 하지만, 외로운 마을의 어둠과 무지함과 맞닥뜨리기도 한다. 한 마을에서 여성들은 큰길로 나가보지도 못하고 사는데 그 길은 고작 3마일 밖에 있다. 어떤 마을에는 교회가 비교적 튼튼하고, 또 정부 학교도 있다. 이곳의 교육받은 사람들과 만나보면 할 일이 많다는 생각을 가지게 된다.

2월 13일 우리 교회와 지역의 교회들이 함께 6일간의 여성성경반을 진행했다. 매우 성공적인 반이었고 여성들은 큰 도움을 받았다고 한다. 초청받은 부산진의 양 전도부인도 강의하였고 학생들의 좋은 호응을 받았다. 그녀는 지칠 줄 모르는 연사이다. 우리 교회에서 백 명 그리고 시골이 교회에서 30명이 출석하였다. 이들 30명 중 많은 수가 초신자인데 새 희망과 새 문제를 안고 집으로 돌아갈 것이다.

다음 달에는 이곳에서 남자 성경반도 열릴 것이다. 시골의 교회들도 참여할 수 있도록 순회목회자가 준비하고 있다. 동시에 서울에서 온 성서공회 직원과 매서인들이 성경 판매 캠페인을 벌이고 있다. 이 일이 성공할 수 있도록 기도해 달라.

2월 24일. 거창.
(더 크로니클, 1926년 5월 1일, 4-5)

5. '의사 딕슨 부인'

지난 3일 딕슨 양은 서울에서부터 진주 가는 길에 거창에 들렸다. 안녕을 고하려고 온 것인데 이곳 사람들은 그녀가 다시 돌아와 자비의 의술을 펼쳐주기를 희망하였다. 딕슨은 이곳 사람들의 사랑과 신뢰를 받고 있다. 먼 시골의 사람들이 특히 '의사' 딕슨 부인이 돌아오기를 갈망하고 있다.

이곳에 남은 우리는 비록 이들의 병을 치료하지는 못하지만, 보건과 위생을 가르치며, 하나님이 주신 몸의 가치를 알도록 도울 뿐이다.

(더 크로니클, 1926년 11월 1일, 7)

6. 여름성경학교

여름은 이제 지나갔다. 이곳에서 '외국인'에게 여름이란 열기와 나른함을 극복하며 일을 속도를 줄인다는 의미이다. 그러나 우리의 한국인 친구들에게는 종종 새로운 에너지를 얻는 그런 시기이기도 하다. 수개월 전에 주일학교협회 대표들이 거창을 방문하였다. 그들은 여름성경학교의 중요성을 강조하며 그늘을 찾아 쉬기보다 아이들을 가르치는 일에 열정을 쏟을 것을 권고하였다.

거창에서 여름성경학교를 시작하는 일은 쉬워 보이지 않았다. 심문태 임시 수석 교사를 제외하고 모든 교사가 휴가를 떠났기 때문이다. 그러나 그는 훈련받지 않은 몇 사람의 보조자들과 함께 강행하였고, 첫 며칠은 스코트나 나나 떠나 있었기에 심 씨가 전체를 책임지었다. 결과는 성공적이었다. 두 주간 진행된 여름성경학교에 8살에서 15살 사이의 아이들 120명이 참석하였다. 수업과목은 성경과 찬송, 위생, 암송, 게임 그리고 공작 등이었고, 아침 8시부터 정오까지 진행되었다.

개학 날 저녁에 학교를 홍보하는 환등기를 상영하였고, 학기 중간에는 성경 구절 암송대회, 그리고 마지막 날에는 학생들의 발표회가 있었다. 교회당에서 열린 이 행사에 많은 부모와 구경꾼들이 몰려들었다.

몇 주 전에는 거창의 청년회, 소방대 그리고 일본인들이 연합하여 비행기 행사를 추진하였다. 비행기가 온다는 홍보가 널리 퍼졌고, 원근각처에서 구경꾼들이 모여들었다. 마른 강바닥을 비행기 착륙지로

정하고, 수천 명의 사람이 강가에 모여들었다. 아침 일찍부터 온종일 자리를 잡고 기다렸지만, '엔진에 병이 들어' 연기되었다는 통보가 있었다. 실망한 일부 시골 사람들은 집으로 돌아갔지만, 대부분 거창에 머물며 기다리기로 하였다.

이틀 후에 마침내 비행기가 온다는 소식이 전하여졌다. 사람들은 다시 강가에 모여들었다. 온종일 기다리던 구경꾼 중 일부는 포기하고 집으로 돌아가는데 갑자기 하늘에 작은 물체가 나타났다. 사람들 사이에서 탄성과 환호가 터져 나왔다. 비행기가 무사히 착륙하여 비행사가 걸어 나오는데 더운 날 털옷을 입은 모습이 구경꾼들에게는 이상하게 보였다.

다음 날 오후 5시, 비행기가 이륙을 준비하였다. 비행기가 공중으로 뜨자 많은 군중은 감탄하였고, 공중을 한 바퀴 돈 비행기는 산 넘어 먼 하늘로 사라졌다. 구경꾼들의 평가가 흥미로웠다. 한 사람은 경외감과 두려움으로 말이 안 나왔다고 하며 비행사가 불쌍하다고 하였다. 한 노인은 부모 없는 아이만 비행사가 되는 것 아니냐고 하며, 엄마가 있으면 어떻게 그런 위험한 일을 시키겠냐고 하였다. 세 살짜리 유치원생은 멀리 비행기가 작아지는 모습을 보며 비행기 새끼라고 하였다.

엘리스 양은 우리의 두 주간 초청에 감사히도 응하였다. 유치원 교사를 훈련하기 위함이다. 교사들은 매우 좋아하면서도 기간이 너무 짧다고 하였다. 거창과 시골 지역 교회를 위한 올해의 제도적인 계획을 철저히 준비하고 있다. 올해의 사역에도 주님의 축복이 가득할 것을 함께 기도하지 않겠는가?

[더 크로니클, 1927년 1월 1일, 10-11]

7. 겨울의 슬픔과 기쁨

겨울 동안 거창 지역에 동사한 사람들이 있다는 슬픈 소식이 있다. 가난과 병에 시달리는 사람들의 소식도 우리는 듣고 있다. 여러분이 보내준 미션 박스[16]는 그래서 많은 사람에게 도움이 된다. 특히 나환자 공동체에 장갑과 목도리를 나누어 주었는데 그 소문을 듣고 다른 사람들도 계속 오고 있다. 선물을 못 받는 사람들은 실망한 채 돌아가지만, 목도리를 받은 사람은 자랑스럽게 목에 두르고 감사하며 떠난다.

기독교인들에게 겨울은 공부하는 기간이다. 새해 휴일 동안 성경학원 준비반이 거창 지역에서 열렸다. 전도부인 한 명과 나는 합천에서 예비반을 시작하였다. 10명의 작은 반이었는데 그나마 매일 출석하지 못하는 여성도 있었다. 마지막 날 7명이 시험을 보았고, 5명이 합격하였다. 나쁘지 않은 결과였다. 한 여성은 말하였다. "이곳에 와 집안의 어려움을 잊고 웃을 수 있어 좋았습니다. 집에서는 웃기가 불가능합니다."

새해 휴가 기간이 끝나자마자 거창과 시골교회를 위한 지도자반이 열렸다. 여성보다는 남성이 많았는데 적지 않은 인원이 모였다. 대구의 한국인 목사 한 명을 초청하였고, 가르치는 강사 모두 바쁜 시간을 보냈다. 하루의 일과는 다음과 같았다. 새벽기도회 후 오전에 네 시간 공부하였고, 오후에는 한 시간 공부 그리고 모두 마을로 나가 전

---

16) 호주 빅토리아여선교연합회는 경남 5개의 선교부에 정기적으로 선물 상자를 보냈다.

도를 하였다. 그리고 저녁에는 부흥회가 있었다. 많은 사람이 부흥회에 나와 교회당은 매일 사람들로 붐볐다. 새 신자도 적지 않게 나왔는데, 진실인 사람도 있고 그렇지 않은 사람도 있을 것이다.

연례 여성성경반이 그 뒤를 이었다. 이것 또한 성공적이었다. 작년보다 더 많은 여성이 참석하였는데 모두 136명이 등록하여 평균 110명이 출석하였다. 이들은 공부도 열심히 하지만, 서로의 존재에 즐거워하였다. 마지막 날 간증의 시간이 있었다. 전도부인으로는 강 부인이 초청되었는데, 그녀는 전에 부산진에 있었지만, 지금은 경상남도 전도회를 맡아 각 지역에 지부를 조직 중에 있다. 성경반 후에 그녀는 이 지역 여러 교회를 방문할 계획이다.

[더 크로니클, 1927년 6월 1일, 8-9]

8. 자동차 선물

매카그 양의 차: 한 여성이 지난 모임에서 25파운드를 기증하였다. 임원회는 감사함으로 기금을 받았다.

[더 크로니클, 1927년 10월 1일, 8]

9. 운전 연습

우선 나의 포드 자동차를 기증한 관대한 친구에게 감사를 전한다. 동시에 증가하는 차 운영비를 지원하는 여선교회연합회에 감사한다. 나는 자동차 선물 소식을 일본에서 들었다. 거창에 돌아온 후, 나는 서울로 올라가 포드자동차를 구매하였고, 운전을 배웠다. 자동차는 소형이고 색은 적갈색이다. 비록 앞 두 자리만 있지만, 뒤에 짐을 실을 수 있는 공간이 있다. 그 뒷공간에 작은 의자를 마련하여 위급할 때 한 사람이 더 탈 수 있도록 하였다. 한국과 일본에서의 자동차 운전은 매우 어렵다. (중략) 그러나 나는 대부분 시골에서 자동차를 운전할 것이기에 다행이다.

나는 운전 연습을 도시 외곽에서 하였는데 끊임없는 등장하는 소 수레와 행인들로 집중이 어려웠다. 달리는 기술보다 브레이크를 밟는 기술을 먼저 배웠고, 그것이 실제로 더 중요하였다. 후진하는 방법을 연습하는데 구경꾼들의 훈수가 난관을 잘 극복하게 하였다. 이들의 함성은 나의 노력을 분발시키거나 의기소침하게 만들었다.

서울에서 구매한 차는 아직 이곳에 도착하지 않고 있다. 우리는 다음 주에 도착할 것으로 희망한다. 차고 문제는 의외로 쉽게 해결되었다. 영구적인 장소를 확보하기 전까지 교회 터 한쪽에 세울 수 있도록 허락받았다. 운전면허증도 신속하게 나오기를 나는 바란다.

이번 여름에도 성경반이 열렸다. 우리 교회에서는 물론 시골의 세 교회도 성경학교를 하였다. 함양과 개평은 우리 전도부인이 도왔고, 안의는 독립적으로 진행하였다. 각 성경학교의 출석률도 높았다.

엘리스 양이 지난달 거창선교부로 부임하여 환영을 받았다. 그녀는 유치원을 맡았다. 그녀는 고현 마을에서 어린이 사역도 시작하였는데 50여 명의 소녀와 소년이 모인다. 대부분 정부 학교 학생들로 영향이 클 것이다.

　　지난주 나는 야로를 방문하였다. 한 전도자가 교회를 설립하였고, 나는 새 신자들을 만났다. 한 조사는 그 이웃 마을의 한 가정에 교회 나오라고 전도하고 있는데, 어려움을 겪고 있다. 그런데 그 가정의 가장이 미신 단지를 버리고, 조상 제사도 안 하겠다고 선언하여 좋은 결과가 있었다. 동양선교회에서 나누어주는 책자를 읽고 마음을 바꾸었다고 한다. 뿌려진 씨앗에 싹이 나기 시작한 것이다.

　　스키너 양도 우리 선교부에 곧 올 것이다. 그러면 우리 팀은 온전하게 구성된다. 전도부인들은 한 달 동안의 상급성경반에 출석하고 돌아왔다. 올 한해도 '주님의 이름'으로 성공적이기를 기도한다.

[더 크로니클, 1928년 1월 2일, 4-5]

10. 주일학교 대회

　　지난 11월 나는 운전면허증을 받았다. 이제 차를 운전할 수 있는 자유를 얻은 것이다. 그러나 겨울이었다. 추운 날씨로 차는 꼼짝도 안 하였고, 구경꾼들은 일꾼이 되어 뒤에서 차를 밀어주었다. 길모퉁이나 언덕에도 운전의 어려움이 도사리고 있었고, 다시 차고로 돌아오면 차가 얼지 않도록 꽁꽁 싸매야 하였다.

그러나 이제 봄이 되었다! 시골에서 열린 네 번의 성공적인 성경반에 차를 타고 다녀 자동차의 가치가 증명되었다. '빨간 날개'의 차가 등장하면 사람들은 웅성대었다. 안시에 새 교회당이 완공되면 더 많은 사람이 몰릴 것이다. 엘리스와 그녀의 언어 교사가 시작한 고현의 어린이 사역은 계속되고 있고, 길가에서 조금 떨어진 언덕에 작은 예배당도 생겼다.

두 주 전 우리는 한 여성을 심방하였다. 그녀는 교인으로 먼 곳의 비기독교 마을에 사는데 3년 전 풍을 맞아 진주의 병원에서 치료를 받았다. 지금 팔은 어느 정도 사용하지만 다리는 쓰지 않아 누워서 지낸다. 그녀는 아이들과 함께 빈궁하게 지내고 있어 차에 태워 우리 선교부로 데리고 왔다. 이곳에서 그녀는 도움을 받으며 다리에 힘이 생겨 걷기 시작하였고, 새끼를 꼬며 생계를 이어가고 있다. 이런 경우가 이곳에는 흔하다.

3월 마지막 주에 주일학교 대회가 거창에서 열렸다. 각 지역에서 219명의 열정적인 학생들이 등록하였고 성공적인 대회였다. 평양의 클라크 박사와 대구의 한국인 목사가 특별 강사로 초청되었다. 주일 아침 예배는 어린이들을 위한 예배였는데 인근 마을의 주일학교 어린이 400명과 우리 교회 어린이 200명이 합하여 매우 큰 모임이 되었다. (중략)

3월에 엘리스는 마산으로 이주하였고, 스키너는 부산진의 성경학원에서 한 달간 가르쳤다. 그래서 거창의 외국인 수는 다시 줄어들었다. 최근 우리 학교의 수석 교사를 정당하게 해임하였고, 만족스러운 여성 교사를 그 자리에 임명하였다. 홍역으로 우리가 아는 몇 아이가 세상을 떠났다. 그중 한 명이 우리 유치원 아이이다. 이곳 사람들이 가정 위생과 간호를 더 배울 때까지 어린이 사망률은 줄어들지 않을 것이다. 거창을 위하여 기도해 달라.

[더 크로니클, 1928년 8월 1일, 5-6]

11. 어린이 성탄절

어린이를 위한 성경반이 열리는 여섯 개 마을에 성탄 예배를 계획하였다. 우리는 이 마을들에서 7개월에서 2년 동안 성경반을 운영하여 왔다. 대부분 아이는 성탄절이라는 것이 어떤 것인지 전혀 모른다. 그들의 지식과 경험 밖에 있는 문화이다. 성탄 이야기와 노래를 미리 가르쳤지만, 한 아이는 성탄절이 일본인 새해라고 이해하고 있었다.

우리는 환등기와 많은 선물을 차에 싣고 마을을 방문하기 시작하였다. 개평에는 경상남도 전도부인이 그곳에 머물며 2년 가까이 일하여서 아이들이 성탄절을 기대하며 잘 준비하고 있었다. 다음으로 우리는 전도자가 있는 가조로 갔다. 그는 어린이들을 위한 훌륭한 일을 하고 있었다. 예배당 마루의 매트도 새로 깔았고 내부도 따뜻하였다. 우리는 30명의 야간반 아이들에게 장갑을 선물로 주었고, 40명의 아이에게는 사탕과 과자를 주었다.

다음 날 우리는 '빨간 날개'를 타고 성개로 갔다. 우리가 도착하자 작은 예배당은 사람들로 꽉 찼다. 특히 소년들이 빼곡하게 모여 앉았는데 한 50명 되는 것 같았다. 그들을 위한 장갑이 충분히 있어서 다행이었다. 교회는 떡과 과자 등을 준비하였고 모두 선물을 받아 기뻐하였다.

곰남에는 더 큰 무리가 모였다. 이곳에서는 장갑 대신 아이들에게 공책을 나누어 주었다. 그리고 함께 성탄 찬송을 불렀다. 거창 주일학교 반이 이곳의 가난한 아이들을 위하여 모은 옷가지도 나누었다. 특히 어떤 교사는 이곳의 한 가난한 아이의 이야기를 듣고 옷을 마련하였는데 모두 그 아이가 그 옷을 입은 모습을 보기 원하였다. 안의에도 아이들이 모였다. 주일학교 교사 대신 그곳 장로가 연설을 시작하였는데 너무 길어져 성탄절 기쁨이 사라지는 것 같았다. 그러나 아이들에게 공책과 과자를 나누어주자 다시 분위기가 살아났다. 어른들은 '빨간 날개'를 구경하였고, 두 명의 교인은 우리와 함께 차를 타고 거창으로 왔다.

우리는 거창교회에서 오전 성탄 예배를 드리고 오후에 우리의 마지막 마을인 고현으로 갔다. 그곳에서는 어린이 노래 발표회가 있었다. 잘 준비되지 못한 모습이었지만 상관없었다. 환등기 상영과 선물 나눔은 인기를 끌었고, 50여 명의 아이는 즐거운 성탄절을 보냈다. 이렇게 우리 마을들의 성탄절이 지나갔다. 거창한 성탄 행사는 아니었지만, 아기 그리스도의 탄생을 축하하며 그 의미를 나누는 데 부족함이 없었다.

(더 크로니클, 1929년 4월 1일, 4-5)

12. 이 뼈들이 능히 살겠느냐

최근 우리 공의회에서 흥미로운 토론이 있었다. 다른 활동을 희생하며 약한 교회들을 어떻게 계속 지원할 수 있겠느냐는 토론이었다. 거창에서 7마일 떨어진 곳에 작은 마을 성기리가 있다. 그곳의 예배당은 초가집 방 두 개를 튼 것이며, 문은 낮아 누구든 머리를 숙이고 들어가야 하는 구조이다. 교회 교인은 두 명의 집사와 그들의 아내가 전부이다. 다른 교인들도 있었지만 여러 이유로 교회를 떠났다. 새 교인을 얻기 위한 노력에도 성공적이지 못하였다. 어린이들에게도 매력적이지 못한 교회이다.

지난여름, 나는 어린이 교사와 자원봉사자들과 함께 차를 타고 그 마을로 갔다. 그리고 공격을 시작하였다. 아이들이 나타났고 흥미를 보이기 시작하였다. 그러나 막상 그들을 초청하자 다들 토끼처럼 숨어버렸다. 나는 교회당에서 기다리고 교사들이 가가호호를 방문하며 아이들을 찾았다. 마침내 긴장된 얼굴의 아이들이 한두 명씩 나타났다. (중략) 저녁이 되자 여성들도 찾아왔고, 우리는 예배를 인도하였다. 그다음 주에 다시 그곳에 갔을 때 20명의 아이를 모였고, 그 후에는 30명의 아이가 자발적으로 모여 교사를 기다렸다고 한다.

이 당시 여름성경학교가 이 지역에서 열리고 있었다. 우리는 이곳에서도 개최할 계획을 세웠다. 두 명의 교사가 일주일 동안 성공적으로 운영하였다. 아이들은 매일 낮 두 시간씩 모였고, 저녁에도 모였는데 이때는 많은 여성도 참석하였다. 나는 마지막 날 방문하여 이곳의 빠른 성장에 매우 놀랐다. 이날 우리는 마을의 큰 나무 아래서 발표회를 하였다. 등불도 달고 사람들이 앉을 수 있도록 가마니도 깔았다.

나는 사람들의 관심을 끌려고 축음기를 틀었다. 마을의 모든 사람이 모인 것 같았다. 아이들의 노래와 암송 등 발표를 보면서 어른들은 즐거워하였다.

발표회 직후 설교가 있었다. 비록 설교는 길게 이어졌지만 아무도 그 자리를 떠나지 않았다. 우리 '외국인'들만 안절부절못하였다. 우리는 등불 아래 마련된 특별 자리에 앉았는데 온갖 날벌레들이 우리에게 달려들었기 때문이다. 마침내 모든 행사가 끝나고 사람들은 조용히 집으로 돌아갔다.

우리는 자동차를 타고 오면서 생각하였다. 성기리 마을의 기적은 끝난 것인가. 아니 이제 시작일 뿐이었다. 지난 6개월 동안 교사는 이 마을을 매주 방문하였고, 주일에는 이제 어린이와 여성들로 예배당이 붐빈다. 교회당도 새로 마련할 계획을 세우고 있다고 한다. 15살 되는 소년이 세례문답반에 들어왔고, 장차 이들의 활약이 기대된다.

"어린아이들을 용납하고 내게 오는 것을 금하지 말라."[17]

[더 크로니클, 1929년 4월 1일, 17-18]

13. 휴가

매카그 양이 한국에서부터 8월 29일에 도착하였다. 그녀는 건강하지만, 의사의 권고대로 올해 말까지 쉴 것이다. 그동안 그녀는 시골

---

17) 마태복음 1:14

의 친척들을 방문할 계획이다.

(더 크로니클, 1929년 10월 1일, 2)

14. 평양으로 간 학천이

　일곱 명의 아들 중에 셋째인 학천이는 다행히 정부 학교에서 교육을 받았다. 더 다행인 것은 그는 자신의 마을 주중 성경반에도 착실히 출석하고 있다. 이 성경반에 똑똑한 아이들이 많은데 한 인사가 이곳을 방문하면서 학천이가 특별히 발탁되었다.
　평양유니온기독교대학 교장 맥큔 박사가 거창을 방문하였다. 당시 고현의 아이들도 그를 만날 기회가 있었고 그때 그의 눈에 학천이가 든 것이다. 그러나 학천이는 생활비나 학비를 낼 수 없는 형편이었고, 맥큔 박사는 그가 평양에 오면 일을 할 수 있게 도와주고 학비도 지원해 주겠다고 약속하였다. 특별 장학금으로 졸업하면 다시 갚는 형식이었다. 별로 대단한 제안이 아닐 수 있었지만, 학천이의 눈은 빛났고, 희망차 보였다.
　학천이의 부모는 그가 평양에 가는 것을 쉽게 동의하였다. 어느 날 그는 평양으로 가기 위하여 거창으로 왔다. 그의 행색은 남루했으나 믿음과 용기가 충만하였다. 또한 자신이 다니던 정부 학교의 일본인 교장이 써준 훌륭한 추천서도 가지고 있었다.

다른 청년 한 명과 그는 먼 거리의 평양까지 갔다. 18시간을 차와 기차로 달렸다. 그는 입학시험에 당당히 합격하였고, 그곳 고등학교에 들어갔다. 우리에게 보낸 편지에 그는 말하였다. "저는 너무 흥분되어 저녁을 먹을 수 없었습니다." 그러나 그곳의 생활은 쉽지 않았다. 생활을 위해서 익숙지 않은 일도 해야 하고, 집 생각도 많이 났다. 그런데도 그는 불평이나 후회는 없었다. 여름방학에 그는 집에 오기보다 일을 더 할 정도였다.

맥큔 박사가 편지를 썼다. "그는 좋은 학생입니다. 의지가 강하고 뭐든지 할 준비가 되어있습니다. 그는 장작 패는 일도 하고, 삽으로 눈 치우는 일도 합니다. 여러분이 그 모습을 볼 수 있으면 좋을 텐데요. 그는 노동 일로 신체도 마음도 건강하여졌고, 평범을 뛰어넘는 아이가 될 것입니다."

학천이는 우리의 어린이 성경반에서 영향을 받은 이곳 수백 명 소년 중 한 명이다. 청소년에게 주님을 알게 하고 이렇게 올바른 방향으로 이끌어 줄 수 있다는 것이 얼마나 큰 특권인가.

[더 크로니클, 1893년 3월 1일, 8-9]

15. 맹장 수술

매카그 양도 '샌 알반호'로 한국으로 돌아갈 계획이었다. 그러나 그녀는 8월 16일 맹장 수술을 받았다. 그러므로 출국은 몇 개월 연기될 것이다. 그녀의 신속한 회복을 기도한다.

(더 크로니클, 1930년 8월 1일, 2)

16. 진주로 발령나다

여선교사 발령: 매카그 양은 진주, 던 양은 거창, 레거트 양은 마산, 그리고 커 양은 산업반.

(빅토리아여선교연합회 회의록, 1930년 9월 16일, 스코트교회 회관)

9장

에셀 딕슨(덕순이)의 보고서

(Ethel Dixon, 1889-1975, 한국명: 덕순이)

1. 거창선교부 사역

몇 개월 전, 한 친구가 거창의 어린이 보건소 건물을 위하여 50파운드를 기증하였다. 한 가지 조건은 50파운드씩 기증할 수 있는 또 다른 기증자 5명을 찾아 보건소 건물 건축 비용 300파운드를 모으자는 것이었다.

1922년 프레더릭 토마스 목사가 호주로 돌아간 후, 거창선교부에는 남성 선교사가 없다. 그런데 올해 9월 남성 목사가 이곳으로 임명될 가능성이 있다. 어린이 보건 사역은 그동안 토마스의 사택 방 두 개에서 진행됐는데, 이제 새 사람이 오면 그 집을 수리하여 사용할 수 있도록 하여야 한다. 또 다른 집이 있기는 하지만 지난 15년 동안 사람이 살지 않아 누가 거주하려면 큰 공사가 필요하다.

지금 보건소로 운영되는 방 두 개는 당시 가장 적합한 공간이었으나, 그러나 보건소 목적을 충족하기에는 많이 부족한 곳이다. 아프거나 건강한 아이들이 같은 대기실을 사용하여야 하고, 상처를 치료를 받는 공간에서 그들의 음식도 만들어지고 있다.

그뿐만 아니라 진주 배돈기념병원에서 방문하는 우리 의사들도 그 공간에서 수술을 집행할 때가 있다. 슬프게도 멜버른과 같은 그런 완벽한 수술 환경이 아니다. 모든 소독과 세탁은 우리의 집에서 하고 있다.

더군다나 적합한 건물을 소유하기 전에는 정부에 보건소를 '등록'할 수 없다. 이것으로 인하여 우리는 당국의 원치 않는 주목을 받고 있다. 테일러 박사가 진주의 관공서에 거창보건소를 배돈기념병원의 지부로 등록할 방안을 문의하였다. 자신이 매달 진주에서 거창을 방문하여 진료하겠다는 제안이었는데, 관공서의 대답은 그냥 조용히 보건 활동만 하라는 것이었다. 정식으로 등록하려면 여러 가지 조건을 충족해야 하였고, 그중 가장 중요한 것이 단독 건물이다.

우리는 거창에 병원을 세울 계획은 없었다. 다만 가난하고 병든 자들을 치료해주고, 위생 교육을 하고, 엄마와 아기가 10년 동안 건강한 생활을 할 수 있도록 도울 수 있는 장소를 원할 뿐이었다. 한국에서 출생하는 70%의 아이들이 10살이 되기 전에 사망하고 있다고 최근의 홍보지에 공개되고 있다.

1934년 한 해에만 3,437명이 우리 보건소에서 치료를 받았고, 그중 개인은 1,046명이었다. 우리의 일지에 나타난 숫자이다. 그러나 아이 한 명에 보통 엄마가 동행하거나 아니면 할머니, 이모, 혹은 이웃까지 동행하는데 그들에게 끼치는 기독교의 선한 영향력은 이루 다 말할 수 없다.

주일 오후에는 엄마들을 위한 반이 열려 읽기와 쓰기를 가르치는데, '그리스도의 생애'와 찬송가를 교재로 사용하고 있다. 이곳의 비참하고 가난한 어린이들을 위하여 주님은 여러분을 청지기로 사용하고 있고, 그 사역을 통하여 주님의 이름이 이곳에 높이 드러나고 있다.

[더 크로니클. 1936년 4월 1일. 3]

2. 유아보건소 소개

여기가 입구이다. 들어오시라. 이곳 바닥은 작은 타일로 되었는데 한국의 관습대로 안에서는 모두 신발을 벗어야 한다. 여기는 우리 보육회의 회원들이 대기하는 곳이다. 회원들은 먼저 오른쪽에 있는 창구에 진찰 표를 내어야 한다. '밀크 룸(우유 보급방)'의 콩 우유나 깡통 우유도 이 창구를 통하여 내어준다.

우리 왼쪽에 있는 이 문은 아이들의 목욕탕이다. 오른쪽의 문 안에는 아이들 몸무게를 재는 방이 있다. 여기에서 우리는 아기나 어린이의 무게를 재고, 키와 몸 둘레를 잰다. 또한 아이들의 식단과 질병이 있는지도 어머니들과 상담을 한다.

저 나무판자 뒤에는 진료대가 있고, 그곳에서 아이들을 치료한다. 이 문을 통과하여 나가면, 아픈 아이들이 진료를 받기 위하여 대기하는 곳이다. 이 방은 밖에서 들어 올 수 있는 별도의 문이 있다. 이 좁은 시약소의 창구를 통하여 간단한 약이나 연고를 대기실로 보내기도 한다. 몸무게를 재는 이 방의 옆은 부엌이다. 이 계단을 통하여 지하실로 내려갈 수 있다.

저기 긴 나무로 된 것이 무엇인지 궁금하지 않은가? 물 펌프의 손잡이로 밖에 있는 땅속의 물탱크에서 건물 안 천정의 물탱크로 물을 끌어 올린다. 이것이 매일 우리에게 물을 공급한다. 천장 위의 물이 싱크대나 목욕탕으로 내려오도록 한 것이다. 겨울밤에는 천정의 물탱크를 다 비우고 집으로 가야 한다. 그렇지 않으면 아침에 꽁꽁 얼어 있을 것이다. 불행하게도 최근 하룻밤에 모든 방의 수도꼭지를 열어 놓았는데, 시약소의 것만 잊어버리고 그대로 두었었다. 그다음 날 아침 그 방의 물파이프가 모두 얼어 있었다!

부엌 옆의 이 작은 방이 '밀크 룸'이다. 이 포댓자루 안에는 콩, 보리, 밀가루가 있는데, 콩 우유를 만들기 위한 재료들이다. 선반에는 우유병이 있고, 한국식으로 콩을 가는 맷돌 그리고 타일로 된 싱크대가 있다.

아직 준비가 안 된 다음 방에는 아기 침대를 채비하여 낮에는 이곳에서 먹이고 가르치고, 밤에는 집으로 돌아가는 그런 곳으로 만들기를 희망하고 있다. 작은 방이지만 5~6명의 아기를 맡을 수 있다. 이것은 한국에서 아직 시험단계에 있다. 미국선교사가 운영하는 보건소에서는 이미 시행하고 있지만 말이다.

이 문을 열고 들어가면 목욕탕이다. 두 명의 아이가 들어갈 수 있는 정도의 욕조와 페인트칠을 한 깡통 욕조가 하나 있다. 이 히터는 내가 호주에서 휴가를 마치고 올 때 가지고 왔다. 우리가 경애하는 대처 회장의 선물이다. 이 에나멜 대야와 물 주전자도 주었다.

부엌의 용품들을 아직 다 풀지 않았는데, 브라이언트 양의 선물이다. 아픈 아이들의 대기실 벽에 두른 위생적인 징두리 판벽은 우동가와 메리버로우에서 준 선물이다. 바닥의 쇠창살은 지하의 난로로부터 뜨거운 바람이 나오는 곳으로, 방 전체를 따뜻하게 한다.

이제 이곳을 모두 보았으니 지하로 내려가 보자. 이것이 난방 기구이다. 이것이 있기에 각 방에 석탄 난로나 아궁이에 땔감을 피워야 하는 수고를 덜 수 있다.

로얄 오크 스토브 주위를 감싸는 아연 철판 칸막이는 맥라렌 박사 부부가 선물한 것이다. 그리고 스토브에서 뻗어 나가는 아연 철판 파이프는 각 방으로 연결되어 뜨거운 공기를 주입할 수 있다. 이 파이프는 새끼줄로 동여매어 있고, 시멘트가 들어간 회반죽으로 마무리되었다. 건축가 김봉득은 다른 재료를 쓰자고 하였지만, 그냥 그대로 쓸 만한 것 같다. 진짜 재료보다는 오래가지 못할 것이지만 말이다.

다음은 빨래방이다. 여물통같이 된 이 빨래판은 쓰던 벽돌 위 시멘트로 덮은 곳에 자리 잡고 있다. 한동안 이곳에 구리 절도가 성행하였는데, 이것은 진주의 테일러 박사 부부의 집에서 '빌려 온' 것이다.

이렇게 설명을 하니 이 보건소 건물이 마치 대단한 모습처럼 보일 수 있다. 그러나 실제로는 작고 좁다. 50피트에 28피트 반이고, 지하는 10피트에 22피트이다.

빅토리아여선교연합회 건물 기금에 후원한 여러분 모두에게 우리는 큰 감사를 전한다. 먼저 당시 건물 비용이 300파운드로 산정되었을 때, 50파운드를 내겠다고 선뜻 제안한 친구가 있었다. 다섯 명만 더 후원하면 되었던 것이다. 우리 여선교연합회 회원들의 지지로 그 돈은 문제없이 모였다.

그러나 그 후, 전쟁과 제한적인 요소로 인하여 6년 동안 시행되지 못하였고, 비용은 만 엔으로 크게 올랐다. 기다려도 비용은 내려가지 않을 것이므로 우리는 규모를 많이 축소하여 작은 지하실이 달린 50피트에 28피트 크기의 보건소를 건축하기로 하였다.

감사하게도 이름을 밝히기 원치 않는 한 친구가 거의 3천 엔을 기부하였고, 보건소 예산으로 남은 1,500엔 그리고 원래 모금한 재정을 더하여 비용을 맞출 수가 있었다. 설비 등을 위한 다른 비용은 긴급 계정에서 지출하였다.

우리는 이 일로 인하여 주님께 감사드리며, 거창보건소를 위하여 기도한다. 많은 어린이가 행복하고 건강한 어린 시절을 가질 수 있도록 도울 뿐 아니라, 그들과 그들 부모가 신앙과 사랑으로 하나님 나라의 일꾼이 되기를 기도한다.

[더 크로니클, 1940년 5월 1일, 6-7]

3. 보건소 봉납예배

오랫동안 기다렸던 거창 유아보건소가 마침내 공식적으로 존재하게 되었다. 보건소의 일은 제한적이지만, 우리는 보건소의 가치를 공표할 '개소식'이 3일 동안의 바쁜 일정으로 곧 열릴 것이다. 며칠 전에 우리는 우리 보건소가 진주 배돈기념병원의 지부가 되어야 한다는 소식을 지방 정부에게서 들었다. 보건소에 여자 의사를 확보하지 못하였기 때문이다.

그 후 우리는 진주의 맥라렌 박사와 전보를 주고받았다. 그러나 당국의 허가증은 개소식 날에도 도착하지 않았다. 우리는 우량아 선발대회와 맥라렌 박사의 방문도 이미 공지하였었다.

오전 10시 30분 교회의 목사와 지도자들이 모여 간단한 예배를 먼저 드렸다. 다른 교회 지도자들도 참석하였고, 예배를 마친 후 우리는 아침 다과회를 하였다. 지방 관리들과 그들의 아내는 오후에 초청되었으며, 그들과도 오후 다과회를 했다. 그들은 보건소 여기저기를 둘러보았다. 아침에 참석한 사람 중에서도 오후 행사에 참석하기도 하였다.

(중략) 보건소 봉납예배 도중에 한 남자가 부엌의 주전자를 보기 위하여 일어나 나갔다. 나는 사회를 보고 있어, 부엌에서 무슨 일이 일어나고 있는지 알지 못하였다. 그 남성이 불에 장작을 너무 많이 넣어 천정에 있는 온수통의 물이 끓으면서 넘쳐났다. 그는 그 통의 뚜껑을 열어 김을 빼는 방법을 모르고 있었던 것이었다. 그러다 펌프가 터지고 파이프가 터졌다. 우리는 손님들이 우산을 쓰고 지하로 내려가

도록 안내하였다! 우리는 아직 그것을 고치지 못하고 있지만, 곧 어떤 방법이 나올 것이다.

사랑하고 관대한 마음으로 후원한 이 보건소 건물과 이곳에서 진행되는 활동이 이 지역의 많은 어머니와 아이들에게 큰 축복이 되기를 우리는 기도한다.

[더 크로니클, 1940년 12월 2일, 5]

4. 우량아 선발대회

주 간호사는 결혼하기 전 나와 함께 일하던 간호사이다. 그녀는 마침 거창의 부모님을 방문하던 중이었다. 선발대회 심사위원으로 그녀도 함께하였다. 함 간호사는 마산에서 왔고, 전에 진주 병원의 간호사였다. 이 둘에서 한 살부터 두 살, 그리고 두 살부터 다섯 살까지의 아이들 심사를 보았다. 에드거와 황 간호사는 한 달에서 여섯 달, 그리고 여섯 달에서 한 살까지의 어린이를 심사하였다.

이번 행사는 오전 10시부터 오후 4시까지 예정되어 있었다. 그러나 첫 참가자들이 아침 7시부터 와 있었다! 굉장한 기대로 기다리고 있었고, 모두 잘 교제하였다! 아기의 몸무게를 재고, 키를 재는 모습을 보며 참여자 모두 즐거워하였다. 웃고, 떠들고, 소리를 지르기까지 하였다.

각 연령대의 남녀 어린이 우승자를 위한 상품도 준비되어 있었다. 그러나 서로 점수 차이가 거의 없었다. 모두 16개의 상품을 주었다. 오후 5시에 열리는 시상식에 모두 초대되었다. 그러나 아침에 참석한 사람 중에는 많이 오지 않았다. 한두 가정만 점심을 가지고 와 소풍 같은 시간을 보냈다.

오후 5시에 모임 사람들은 함께 모여 사진을 찍었고, 상품을 주었고, 우승자들은 또다시 사진을 찍었다. 흥미로운 것은 우승자들 가운데 한 가정만 제외하고 모두 기독교 가정의 아이들이었다. 기독교 가정이 아닌 한 아버지는 정부 학교의 교사였다. 상품 중의 하나는 '어린이 육아 정원'에 일 년 동안 들어 올 수 있는 표였다. 그러므로 우리는 그 아이를 보건소에서 보게 될 것이다. 'Keep well Babies well'은 영어로는 훌륭한 표현인데, 한국어로는 번역도 잘 안 되고, 실천도 잘 안 된다.

맥라렌 박사는 오후에 도착하였고, 우량아 선발대회를 흥미롭게 지켜보았다. 그는 또한 공식 방문자들을 맞이하였다. 던 선교사는 보건소에서 일하는 직원들을 위하여 오후 다과를 준비하였다. 나는 특별한 역할을 맡지는 않았지만, 쉴 틈이 없었다. '매우 재미있었다'라고 모두 동의하였다.

〔더 크로니클, 1940년 12월 2일, 5-6〕

5. 의사의 날

다음 날 아침 일찍부터 사람들이 왔다. 먼 마을에서부터 가까운 곳에서까지 말이다. 다리를 저는 사람, 앞이 안 보이는 사람 등도 포함되어 있었다. 어떤 사람은 병이 너무 깊어 아무 치료도 할 수 없었다. 다른 사람은 배돈기념병원에서 수술을 받도록 추천하여 주었다. 낳을 수 있는 사람에게는 약을 처방하고 제조해 주었다. 이날 모두 68명의 환자가 다녀갔다.

우리는 각 환자에게 20센을 받았고, 그것으로 그들은 6개월간 의사가 올 때마다 진찰을 받을 수 있다. 진찰 표에 이름과 주소를 쓰고, 의사와 환자를 보조하고, 약을 제조하고, 질문에 답하는 이 모든 것이 황 간호사와 나에게는 너무 힘들었다. 에드거가 자발적으로 도와주어서 참 감사하다. 그녀는 휴식을 위하여 하루 더 묵었다!

[더 크로니클, 1940년 12월 2일, 6]

6. 유치원의 성탄 선물

우리는 화요일에 유치원 학부형회로 모였다. 나는 유치원 학생들에게 매일 따뜻한 콩 우유를 먹일 계획을 제안하였다. 학생들은 자신의 컵을 가져와야 하고, 비용은 하루에 1센이었다. 몇 가정은 그 비용이 없을 것이다. 그러나 대부분 어머니는 수지맞았다고 생각할 것이다.

크리스마스 선물의 하나로 우리는 콩 우유와 과자를 주었다. 몇 엄마들은 과자를 가지고 와 나누었고 어린이들은 즐거워하였다. 엄마들에게도 한 컵의 우유와 과자를 주자 모두 좋아하였다. 학부형회의는 어린이들에게 콩 우유를 제공하는 것에 동의하였다. 엄마들은 자신들의 기금에서 과자를 제공하겠다고 하였고, 유치원에서는 일주일에 한 번씩 아이들에게 음식 예절을 가르치기로 하였다.

어제는 '시골 마을에서 온 어린이들' 모임이 있었다. 호주에서 미션 박스가 아직 도착하지 않아서 그들과 다른 학교 학생들에게 선물을 다 주는 것은 어려웠다. 그것은 1월에야 도착하였고, 겨울용품은 즉시 나누어 주었다. 그 외의 용품은 아직 가지고 있다. 공책과 연필 등은 아주 잘 활용하고 있다. 우리는 과자와 땅콩을 사서 일일이 봉지에 담았다. 나와 아우만 그리고 3명의 교사가 저녁 내내 이 일을 하였다. 376명의 마을 어린이가 왔고, 모두 선물을 받고 좋아하였다.

보통 그런 것처럼 유치원에서 주는 선물은 인기가 많다. 각 마을에서 직접 아이들이 오기도 하고, 우리가 전달하기도 한다. 유치원을 찾은 한 마을의 한 소녀가 번쩍이는 성탄절 트리를 보고 신기해하였다. 그 아이는 내내 성탄 나무에 시선을 빼앗기고 있었다. 같이 온 학생들은 노래를 부르고 놀았지만, 그 아이는 그들을 등지고 서서 성탄 나무만 올려보았다. 아이들이 떠날 때가 되어서야 그 소녀는 성탄 나무에 허리 숙여 큰 인사를 하였다. 그리고 주저하며 집으로 돌아갔다.

1940년 12월 21일.
〔크로니클, 1941년 3월 1일, 14〕

10장
엘리자베스 던(전은혜)의 보고서

(Elizabeth Dunn, 1896-1986, 한국명: 전은혜)

1. 형제들이 어떠한가 방문하자[18]

토요일 오후였다. 한국에서는 이날 반나절만 일하는데 다른 토요일과 다름이 없었다. 아흐레 동안 쓸 침구와 음식을 모두 싣고 떠날 시간이었다. 그러나 정거장까지 짐을 운반해 줄 남성이 오지 않았다. 스코트는 그를 찾아 나섰고, 나는 표를 사기 위하여 떠났다.

가는 길에 전도부인을 만났다. 그녀는 우리 짐이 어디 있냐고 물었다. 자동차 운전사도 손님이 다 찼다며 빨리 떠나기 원하였다. 나는 10분만 기다려 달라고 설득하였다. 마침내 짐이 도착하였다. 짐을 차 옆에 줄로 묶고 출발하였다. 차는 언덕과 시냇물 그리고 평지를 불편하게 달렸다.

한 시간 걸려 우리의 목적지에 도착하였다. 그곳의 교회는 우리를 이번 주말 동안 머물 숙소로 안내하였다. 많은 어린이가 우리를 따라 다녔고, 교회 앞뜰은 그들의 놀이터가 되었다. 이 마을의 조사는 교회를 잘 돌보아 왔다. 그는 공부차 평양에 가고 없었고, 주일학교에 관심 있는 한 정부 학교 교사를 동행하여 갔다고 한다. 그는 그곳에서 주일학교 대회에 참석할 것이다. 주일 오후 우리는 주변 마을의 집을 방문하였다. 좀 거리가 있는 한 교인의 집도 찾아 가 주일에 빠지지 말고 예배에 참석하라고 권면하였다.

월요일 아침, 우리는 다음 마을로 출발하였다. 7마일 거리의 마을인데 산속에 위치에 있다. 우리는 산을 몇 번 돌아가는데 어떤 산을

---

18) 사도행전 15:36

넘으니 논이 펼쳐져 보였다. 이곳 마을에 한 기독교인 가정이 있었고 저녁에는 관심 있는 몇 여성들이 우리의 예배에 참석하였다. 한 작은 방에 앉아 그들과 이야기도 나누었다.

다음 날 우리는 또 짐을 챙겼다. 2마일 정도 떨어진 곳에 교회가 있다. 우리는 그 교회에 짐을 놓고 3~4마일을 더 걸어 85세 되는 할머니와 60대의 아들 집을 찾았다. 이곳에서 이 둘이 매 주일 예배를 인도하고 있다. 나머지 가족은 반대하지 않지만, 예배에 참석하지는 않는다. 우리는 다시 교회로 돌아와 밤에 사람들을 만났다. 이곳 소년들은 옛 방식대로 머리를 땋은 모습이었다.

나흘째 되는 날의 여정이 가장 길고 힘들었다. 산 중턱에 자리를 잡은 마을인데 얼마나 아름다운 풍경인지 스위스를 연상케 하였다. 이 마을에 11개의 가정이 있는데 일곱 가정이 기독교인이다. 이 마을은 밥사발 등을 만드는 토기 마을인데 하얀색의 진흙이 많은 지역이기 때문이다. 성경의 이야기처럼 토기장이의 의지에 따라 그릇의 모양이 만들어지는 곳이다. 이곳은 모든 것이 원시적으로 이루어진다. 마을 사람 대부분은 작업장에서 일하고, 집에는 거의 사람이 없다. 이 날은 수요일이라 예배가 있었다. 성경학원에서 두 학기 공부한 열정적인 집사가 인도하였다.

이곳은 해인사와 3마일 정도 거리에 있다. 우리는 이 명성 있는 절을 방문하기로 하였다. 가을 단풍으로 인하여 주변이 더없이 아름다웠다. 이곳에서는 불교의 영향이 커 절들이 대부분 아름다운 곳을 다 차지하고 있다. 불자들도 주변 마을에 많이 살고 있어 전도하기 어려운 곳이다.

엿새째 되는 날, 우리는 다른 마을들로 둘러싸인 한 마을을 방문하였다. 한 조사의 집에다 예배당이라기보다 작은 기도 방이 있는데 그곳에 교인들이 모였다. 여성 14명과 아이들 14명이 꽉 들어찼고, 마루에도 몇 명 앉았다. 우리는 그곳에서 짧은 성경공부를 인도하였다. 그곳을 떠나 주일을 보낼 교회로 향하였다. 전도부인은 그곳까지 걸어가는 것은 좋은 생각이 아니라고 하였다. 그러나 차가 없기에 가는 도중에 남성들에게 짐을 들어달라고 부탁하면서 산을 넘고 시냇물을 건넜다.

마침내 주일을 보낼 마을에 도착하였다. 우리는 집집을 방문하며 사람들을 저녁 예배에 초청하였다. 각 집에 두 마리의 개가 있는데 낯선 우리가 대문 근처에만 가도 짖어댔다. 개 짖는 소리가 들리면 집안에서 누가 나왔고, 우리가 마당에 들어설 때부터 나가는 순간까지 개가 짖기를 멈추지 않았다. 이 시기는 시골의 바쁜 계절이라 예배에 못 간다는 핑계가 흔하였다. 그러나 우리가 가는 곳마다 아이들이 많아 미래는 희망차다.

이번에 우리가 순회한 곳은 대부분 작고, 외딴곳에 있고, 안 믿는 집에 둘러싸인 곳이다. 그곳 기독교인들은 누룩의 역할을 하고 있다. 동시에 그들의 믿음이 강하지 않으면 쉽게 시험에 들 수 있는 곳이다. 이들을 위해서 기도해 달라. 그들에게 주님의 능력이 함께하여 이웃들을 변화시킬 수 있도록 말이다.

[더 크로니클, 1930년 2월 1일, 6-7]

2. 부자마을 개평

다른 지역에 비하여 거창 지역은 물질적으로나 정신적으로 약하다고 알려져 있다. 그러나 그런 약한 지역에도 헌신적이고 열정적인 교회나 개인이 있다. 그중 개평이라 하는 마을은 좀 부유한 동네인데 남성들이 한 명 이상의 아내를 두고 있다. 이 마을에 유독 과부가 많은 것에도 놀랐지만, 이유는 간단하다. 한 남성이 죽으면 아내 두세 명이 남기 때문이다.

우리 모임에 오는 사람은 대부분 낮은 계층의 사람들이지만 부자 중 우리 모임을 구경하다가 점차 합류하여 주님의 집에 한 식구가 되어가고 있다. 어떤 집사의 아내가 설교하였는데 그녀의 조용하나 기쁨에 찬 설교는 내가 들어본 것 중 가장 '재치'가 있었다. 전에 자신의 남편은 전도부인이 마당에 들어서는 것조차 허용하지 않았었다고 한다. 그러나 지금은 집사가 되어 누구나 환영하는 따뜻한 사람이 되었다. 한 할머니는 한때 열심히 전도를 다녔고 지금은 친척들을 전도하는데 그녀의 가족은 이 마을 최고의 구성원이다. 농부인 한 청년이 있었다. 그는 열심히 성경반에 참석하며 주일학교를 인도한다. 동시에 신약 공부를 통신으로 마쳐 수료증을 받았고, 이제는 구약 과정을 하고 있다. 몇 명의 청년은 그의 수료증을 보고 부러워하며 성경공부 과정을 시작하였다고 한다.

16마일 정도 떨어진 서상 마을에도 교인들이 모인다. 노회 전도자가 이곳에서 2년간 일하여 교회를 세우는 데 성공하였다. 기초가 매우 튼튼한지 사람들로부터 좋은 호응을 받고 있다. 교회의 영향은 믿지 않는 자들에게도 미치는데 올봄에 우리는 그것을 목격할 수 있었다. 이들은 우리가 방문할 때 친절하게 환영하며, 우리의 저녁 모임에 많은 사람이 참석하였다.

오후에 우리는 1마일 정도 밖에 있는 한 마을을 방문하였다. 그곳 사람들의 반응은 차갑거나 적대적이었다. 우리가 나누어주는 전도지도 멀리하였다. 마치 귀신이라도 붙어있는 듯 가까이하지 않았다. 이상한 모자를 쓰고 곰방대를 문 한 남성이 마침내 전도지를 받아 읽으려는데 그의 아내가 말렸다. 그러나 그는 계속 읽으려고 하였다. 나중에 예배가 있었는데 놀랍게도 그의 아내가 나왔다.

곽남순은 이 마을 학교 교사이다. 그녀는 동시에 지난 2년 동안 부근의 몇 마을을 정기적으로 방문하고 있다. 그녀는 우리에게 자신의 경험을 말하며 추수의 계절이 가까이 왔다고 확신하였다. 하루는 비가 와 그녀는 한 곳에 이틀 머물며 기독교 신앙에 관하여 전도하였다. 그리고 한 달 후 그 마을의 지도자가 마을 사람들이 모이던 방 한 칸을 예배 장소로 사용하게 하였다. 지금은 한 전도자가 이곳에 이사하여 활동하며 교회당을 세우려 하고 있다. 우리는 이 마을에 큰 희망을 품고 있다.

〔더 크로니클, 1931년 11월 2일, 6-7〕

3. 9개의 여름학교

3월에 거창 지역 여성성경반이 열렸다. 이 성경반을 통하여 각 지역에 있는 여성 지도자들의 영과 기도 생활의 깊이가 더해진다. 100명 이상이 참석하였다. 어떤 여성들은 하루를 걸려 성경반까지 걸어왔다. 어린이 사역도 매우 인기가 높다. 여러 마을에서 어린이 주중 반을 요청하는데 우리가 다 따라가지 못할 정도이다. 곽남순이 이 일을 맡아 신실하고 기쁘게 하고 있다. 매주 9개 마을의 280명 아이와 접촉하고 있다.

거창 지역에 9개의 여름학교가 있고, 학생은 500명 정도 된다. 전도부인이 네 곳을 돕고 있지만, 대개는 여름방학을 맞은 고등학생들이 운영한다. (중략) 일꾼이 부족함에도 신앙공동체의 힘과 숫자가 커지고 있다. 이 사실은 일꾼이 많이 부족하고 자격이 못 미쳐도 성령이 강하게 역사하고 계신다는 방증이다. 이 사역은 주님의 것이고 그래서 우리는 더 큰 희망을 품고 미래로 나아간다.

〔더 크로니클, 1931년 11월 2일, 8〕

4. 전도부인 곽남순

위더스와 레거트 그리고 나는 소래에서 휴가를 보냈다. 매우 '미국적인 시간'이었다. 그곳은 아름다웠는데 아이들은 수영하거나 배를 타고 어른들은 테니스나 골프 하기 좋은 곳이었다. 집들은 언덕 높은 곳 잔디 위에 세워졌고, 바닷가에는 훌륭하고 하얀 모래가 있다. 이곳의 모래는 수출되는데 유리를 만드는 데 사용된다고 한다. 그곳까지 가는데 부산에서 연결만 잘 되면 24시간 걸린다. 우리는 29시간에 걸려 그곳에 도착하였다. 우리가 출발하고 얼마 안 있어 비가 내렸다. 가뭄으로 염려하던 차에 고마운 비였다. 그런데도 매우 더웠다. 사람들은 가장 더운 여름이라고도 하였다.

내가 떠나 있을 때 전도부인 곽남순으로부터 충격적인 편지가 왔다. 약혼한다는 소식이었다. 약혼자는 우리 전도자 중 최고의 남성인데 지난여름 아내와 사별하였다. 그런데 그에게는 5명의 자녀가 있고 아이들은 1살부터 17살까지 나이이다. 그는 36살이고 곽 씨는 34살이라 앞으로 살 시간이 많다. 나에게는 다행히 1년 더 그녀와 같이 일할 수 있는데 그녀에게는 가정을 위한 재정적인 이유였다. 이번 주 그녀는 해인사 부근의 한 작은 교회에서 결혼하였다. 나는 그녀의 친구로 참석하였다. 이들은 전통적인 예식을 올렸으며, 매우 아름다웠다. 그 후 우리는 해인사를 방문하였고, 그곳에서 하룻밤을 보냈다.

더 큰 충격은 그러나 특별 전도부인 최 씨 때문이다. 그녀는 15개월 정도 우리와 일하여 왔다. 그런데 지난 8월 그녀가 진주에 있을 때 한 남성과 약혼을 했다는 소식이다. 그는 겨우 이번 여름에 아내를 잃었고, 아이는 6명이나 있다고 한다. 제일 어린아이가 1살이라 신속히 결혼하려 하였다. 남자는 은행가인데 서울에서 일하고 있다. 최 씨는 거창에서의 일을 그만두고 내일 떠난다.

　우리 교회 한 여성의 친오빠가 음악인인데 대구에 산다. 그는 미국으로 유학을 떠나기 전 동생을 보러 거창을 방문한다고 한다. 이 기회를 이용하여 음악회를 준비하고 있다. 스코트가 성가대를 모으며 바쁘게 움직이고 있다. 그녀와 나도 한 가지 노래를 발표해 달라는 요청이 있었다. 그러나 나는 그때 시골로 순회를 나간다.

[더 크로니클, 1932년 12월 1일, 3-4]

5. 곽남순과 그의 남편

　이 두 사람은 15년 전 서로를 몰랐다. 예수 그리스도도 알지 못했다. 남자인 김 씨는 기독교 가정에서 자라고 세례도 받았지만, 젊은 시절 그는 부주의하고 도전적으로 살았다. 이곳의 관습에 따라 부모는 아직 십 대인 그를 위하여 결혼할 여자를 찾았다. 한 여성이 정하여졌고 그보다 몇 살 많은 기독교인이었다. 그는 결혼하였어도 여전히 방탕하였는데 가지고 있는 돈을 모두 기생질에 탕진하였다.

　그 후 김 씨는 친구와 함께 북쪽으로 갔다. 러시아에서 곰을 잡는다는 것이었다. 그의 아내나 가족은 한동안 그가 어디 있는지 혹은 살아있는지 몰랐다. 그의 아내는 남편이 돌아오기만을 기다리며 산 위에서 금식하며 기도하였다. 그는 마침내 돌아왔지만, 여전히 친구들과 몰려다녔다. 그러나 그의 아내 기도가 씨앗을 터뜨리기 시작하였다.

김 씨는 마음을 잡고 기독교 병원에서 일을 시작하였다. 그러나 오랜 친구들은 그를 놔주지 않았다. 특히 그를 잘 아는 기생들이 더 그랬다. 그런데도 그는 성경공부에 흥미를 갖고 부산진의 성경반에 입학하였다. 놀랍게도 두 명의 기생이 그를 찾아 그곳까지 방문하였다. 두 명의 기생과 성경반 학생이라! 김 씨는 이제 자신은 새 삶을 살기 원한다고 기생들을 설득하였다.

김 씨는 성경공부 과정을 신실하게 모두 마쳤고, 거창 지역 전도자로 임명되었다. 전도자는 일 년에 한 학기 신학교에 갈 수 있다. 그렇게 하면 10년에 거쳐 3년 과정을 졸업할 수 있는 것이다. 그는 공부하며, 자신의 구역에서 사역도 훌륭히 감당하였다. 그는 많은 청년을 그리스도에게 인도하였고, 한 청년은 국내선교사가 되기도 하였다.

한 해 전, 김 씨의 아내가 죽었다. 그는 이번에 재혼하였는데 가난한 집안의 여성이었다. 그녀가 곽남순이다. 그녀는 그 집안 큰딸로 어릴 때 기생으로 팔렸었다. 후에 그녀는 북쪽의 평양으로 가 부잣집 둘째 부인이 되었다. 그런데 그녀의 모친이 그리스도를 받아들이면서 딸을 판 것이 잘못된 것인 줄 깨달았다. 딸이 다니러 왔을 때 모친은 사과하였지만, 딸은 다시 평양으로 돌아가야 하였다. 그 후 모친은 통영에 선교사의 산업학교가 생겼다는 말을 들었다.

평양의 곽남순은 편지 한 통을 받았다. 모친이 위독하다는 내용이었다. 그녀는 급히 집으로 돌아왔다. 그러나 모친은 멀쩡하였다! 모친은 필사적으로 딸을 그곳에서 구하고 싶었던 것이다. 그 이후 몇 년이 흘렀다. 남순이는 통영의 학교도 마치고 성경학원도 졸업하였다.

거창 지역에서 마을 학교를 운영하며 비가 오나 눈이 오나 성실하게 순회 다니면서 5년 동안 전도부인으로 일하였다. 그녀의 영향력은 넓게 그리고 멀리 퍼졌다. 청년이나 노인이나 새 신자나 오래된 신자나 그녀의 가르침을 통하여 신앙을 형성하였다.

하나님 은혜의 살아있는 증언 속에 이 둘이 그리스도의 사랑과 믿음으로 합하여, 장차 많은 사람이 이들을 통하여 놀라운 그리스도의 가족이 되기를 기도한다.

(더 크로니클, 1933년 2월 1일, 5-6)

6. 시골 순회 전도

이번에 방문한 첫 번째 교회는 이 지역에 가장 먼저 생긴 교회 중 하나이다. 이곳은 비교적 최근에 예배당을 개조하였다. 교인 수는 많지 않지만, 어린이 사역을 활발하게 하는 교회이다. 두 번째 방문한 교회는 예배당에 매력적인 새 종을 달았다. 열정적인 교인들은 이 종에 자부심을 가지고 있었고, 긴 밧줄에 매달린 종을 치면서 뭇사람들을 예배에 초청하였다. 이들은 항상 우리를 따뜻하게 맞아준다.

이 교회 지도자 아내는 근처 마을의 몇 사람이 기독교 신앙에 흥미가 있다고 하면서 우리에게 방문하자고 하였다. 그녀가 앞장을 섰고 우리는 그녀를 따라 그들을 만나 전도하였다. 후에 우리는 이 교회의 청년들을 만나 이곳의 야학과 주일학교가 어떻게 진행되고 있는지 들었다. 이들은 또한 매주 7마일이나 떨어진 마을을 방문하며 성경반도 운영하고 있다. 이곳 사람들은 더 가난할 수 없을 정도로 가난하지만 유쾌하고, 이웃을 도우며, 전도하고 있다. 한 청년은 아픈 이웃을 위하여 10마일을 걸어 거창까지 몇 번이나 심부름하러 다녀가기도 한다.

이곳에서 1마일 떨어진 마을의 한 여성이 우리를 초청하였다. 다음 날 우리는 그 마을로 갔다. 우리를 초청한 그녀와 같이 집집을 다니며 여성들을 만났는데 모두 환영해 주었다. 그들은 우리의 이야기를 귀 기울여 들었고 다음에 다시 오라는 초청도 하였다. 나중에 전도부인에게 들으니 그녀가 전에 그곳에서 전도하였는데 당시 몇 청년이 방해했다고 하였다. 마을의 어른들이 그 소식을 듣고 미안해하였고, 그 후 우리를 환영해 준다는 이야기였다.

다음 날 우리는 산속의 작은 마을을 방문하였다. 그곳 교회까지 걷는 길은 매우 아름다웠고 경이로웠다. 멀리 마을 언덕에 초가집 예배당이 보였다. 이 주변의 마을 교인들도 이곳을 예배처소로 쓰고 있었다. 한 여성은 아픈 자녀 둘을 데리고 왔다. "믿습니까?" 우리는 그녀에게 물었다. "믿는 것이 유일한 낙입니다." 그녀가 대답하였다. 한 근엄하게 생긴 남성이 옆에서 우리의 대화를 듣다가 끼어들었다. "논과 밭에서 온종일 일하는 힘든 하루하루인데 그리스도를 믿지 않는다면 무슨 기쁨이 있겠습니까?"

다음 날 우리는 이번 순회의 마지막 마을로 향하였다. 앞에 놓인 높은 산은 우리를 두렵게 하였다. 그 산 너머에 우리의 목적지가 있기 때문이다. 목까지 차오르는 숨을 견디며 한참을 걸으니 산 정상에 다다랐고, 마침내 그 산 아랫마을에 도착하였다. 10년 전 준비해 두었다는 관이 그대로 있다는 90세의 할아버지부터 어린 증손주들까지 마치 잃어버린 가족을 만난 듯 우리를 환영하였다. 이 가정은 이곳으로 이사 오기 전부터 교회를 다녔었다. 아침저녁으로 우리는 함께 예배를 드렸고, 그들은 자신의 주님을 매 주일 그렇게 이웃에게 알린다. 목회자도 선교사도 없는 곳에서 하나님 나라를 지키는 사람들이다.

(더 크로니클, 1935년 5월 1일, 6-7)

7. 배돈기념병원의 지부

마침내 거창보건소가 개소되었다. 우리가 기대하는 간호사나 여성 의사는 아직 안 왔지만, 5월 9일 간호사가 부임할 것이라 딕슨이 말하였다. 의사 임명에 관한 절차는 아직 진행 중이다. 맥라렌 박사가 격월로 보건소를 방문할 것인데, 그 조건으로 보건소가 승인되었다. 보건소는 진주의 배돈병원 지부로 되어있다.

개소식 날 아침 봉납예배가 있었다. 교회의 대표자들이 참석하였다. 오후에는 정부 등 일반 기관 단체장이 초청되었다. 다음 날 '베이비 쇼'[19]가 있었다. 진주 병원의 간호사였던 에드거 양과 거창을 방문하던 딕슨 양이 심사를 보았다. 매우 흥미로웠고, 참여한 모든 사람에게 분주한 날이었다. 삼 일째 되는 날은 의사의 날이었다. 이날 그는 70명 정도의 환자를 보았다.

나는 여전히 시골을 방문하고 있다. 지난번 순회에서도 놀라운 일들을 보았다. 미리 알리지도 않고 갔는데 많은 사람이 저녁마다 모였

---

19) '베이비 쇼'는 아기 우량아 선발대회를 말한다

다. 농촌의 바쁜 기간이라 우리는 저녁 9시 정도에나 모임을 시작할 수 있었다. 그런데도 사람들은 일찍 일어나 논과 밭으로 나갔다.

보리가 한창 익어가고 있다. 일주일에 하루 정도 비가 오는 데 충분하지는 않아도 곡식이 자라기에는 알맞다. 이곳 사람들은 우리가 생각하는 것보다 놀랍게도 생활을 잘 이어나가고 있다.

[더 크로니클, 1940년 7월 1일, 3-4]

8. 휴가를 떠나다

던 양은 지난 오후 (멜버른에) 도착하였다. 한국의 지금 상황을 희망적으로 말하였다. 현장에 있는 선교사들은 이곳의 우리보다 덜 염려한다고 한다.

(더 크로니클, 1941년 1월 1일, 2)